マルクス派
最適成長論

金江 亮 著

京都大学学術出版会

本書は、京都大学の「平成24年度総長裁量経費 若手研究者に係る出版助成事業」の助成を受けて刊行された。

プリミエ・コレクションの創刊にあたって

「プリミエ」とは，初演を意味するフランス語の「première」に由来した「初めて主役を演じる」を意味する英語です。本コレクションのタイトルには，初々しい若い知性のデビュー作という意味が込められています。

いわゆる大学院重点化によって博士学位取得者を増強する計画が始まってから十数年になります。学界，産業界，政界，官界さらには国際機関等に博士学位取得者が歓迎される時代がやがて到来するという当初の見通しは，国内外の諸状況もあって未だ実現せず，そのため，長期の研鑽を積みながら厳しい日々を送っている若手研究者も少なくありません。

しかしながら，多くの優秀な人材を学界に迎えたことで学術研究は新しい活況を呈し，領域によっては，既存の研究には見られなかった溌剌とした視点や方法が，若い人々によってもたらされています。そうした優れた業績を広く公開することは，学界のみならず，歴史の転換点にある 21 世紀の社会全体にとっても，未来を拓く大きな資産になることは間違いありません。

このたび，京都大学では，常にフロンティアに挑戦することで我が国の教育・研究において誉れある幾多の成果をもたらしてきた百有余年の歴史の上に，若手研究者の優れた業績を世に出すための支援制度を設けることに致しました。本コレクションの各巻は，いずれもこの制度のもとに刊行されるモノグラフです。ここでデビューした研究者は，我が国のみならず，国際的な学界において，将来につながる学術研究のリーダーとして活躍が期待される人たちです。関係者，読者の方々ともども，このコレクションが健やかに成長していくことを見守っていきたいと祈念します。

第 25 代　京都大学総長　松本　紘

目　次

はじめに　　v

序章　　1

第 I 部　「マルクス派最適成長論」の展開　　3

第 1 章　「マルクス派最適成長論」の到達点と課題　　5
- 1.1　本章の目的　　5
- 1.2　基本モデルの構造　　5
- 1.3　2 階級モデルへの拡張　　7
- 1.4　2 階級モデルの更なる論点開拓　　9
- 1.5　生産財生産部門の各種の一般化　　11
- 1.6　分権的市場均衡モデルへの拡張　　13
- 1.7　労働価値説との関係　　15
- 1.8　資本主義を超える長期歴史分析への拡張　　17
- 1.9　現在の拡張作業　　19

第 2 章　「マルクス派最適成長論」の現実性と価値・価格問題　　21
- 2.1　本章の目的　　21
- 2.2　資本財が資本と労働によって生産される場合（拡張モデル）　　22
- 2.3　結語　　33
- 補論　　34

第 3 章　3 部門「マルクス派最適成長論モデル」と強蓄積期間　　39
- 3.1　本章の目的　　39
- 3.2　「産業革命モデル」のアウトライン　　41

	3.3	「第二次産業革命」のモデル化	45
	3.4	結語	57

第 II 部　不確実性をもつマルクス派最適成長モデル　　59

第 4 章　資本財生産に不確実性を伴うマルクス派最適成長論　61
	4.1	本章の目的	61
	4.2	確率制御モデル	61
	4.3	モデルの解法	62
	4.4	結語	66

第 5 章　2 部門 RBC モデル—Matlab によるシミュレーション　69
	5.1	本章の目的	69
	5.2	RBC2 部門モデル	69
	5.3	シミュレーション	71
	5.4	結語	72

第 6 章　様々な効用関数・生産関数の下での確率的最適成長論　75
	6.1	本章の目的	75
	6.2	確率型の Hamilton-Jacobi-Bellman 方程式	75
	6.3	対称性による解法	80
	6.4	結語	88

第 7 章　確率系モデルの分権経済と社会計画者の最適化　89
	7.1	本章の目的	89
	7.2	確率系分権経済モデル	89
	7.3	結語	94

第 III 部　再生産表式への転換と価値・価格問題　　95

第 8 章　価値・価格の移行動学　　97

8.1	本章の目的	97
8.2	基本モデルの価値の移行動学	97
8.3	定常状態での価値・価格の再生産表式	100
8.4	森岡による批判	102
8.5	結語	103

第9章 最適成長論における再生産表式 　105

9.1	本章の目的	105
9.2	再生産表式の復習	105
9.3	拡張モデル	106
9.4	価格の再生産表式	107
9.5	資本財所有者	108
9.6	結語	116

第10章 最適成長論における労働価値説 　117

10.1	本章の目的	117
10.2	4種類のモデル	118
10.3	結語	122

第11章 マルクス派最適成長論と価値・価格問題—線型効用・基本モデルの場合 　125

11.1	本章の目的	125
11.2	線型効用モデルの特徴	125
11.3	価値の再生産表式	129
11.4	価格の再生産表式	132
11.5	結語	137

第12章 マルクス派最適成長論と価値・価格問題—線型効用・拡張モデルの場合 　141

12.1	本章の目的	141
12.2	線型効用モデルの特徴	141

iii

12.3	価値の再生産表式	147
12.4	価格の再生産表式	150
12.5	結語	156

第 13 章　価値・価格の移行動学—Mathematica による数値解法　165

13.1	本章の目的	165
13.2	基本モデル	165
13.3	シミュレーション	169
13.4	結語	169

まとめ　173

参考文献　175

謝辞　180

索引　182

はじめに

　私はもともとは数学を専攻していたのですが、学部生の頃、趣味でマルクス関連の本をよく読んでいました。その頃は近代経済学の本は全く読んでいませんでした。

　特に三浦つとむ・中村静治の著書を好んで読んでいました。マルクスの叙述はきわめて難解であり、疑問に思ったりよく分からないところがたくさん出てきます。私にとって、彼らの著書はそういうところに答えてくれるものでした。

　私が京大の大西広ゼミを伺うことになったのも、元々は中村静治の著書で大西先生が賞賛されていたことが縁になったからです。

　マルクス経済学は労働価値説を元にした体系です。専攻を経済学に変えてから近代経済学のことも学び始めたのですが、価格だけあって価値が出てこないことや労働価値説と効用価値説との関係に相当悩みました。

　おそらく、初めから近代経済学を学んでいる経済学専攻の学生には無縁の悩みでしょうが、私には効用というものは不可解でした。

　それに対し労働価値説は、労働時間、抽象的人間労働という測れるものなので、人によって変わらず足し合わせることも違和感はありません。もちろん、熟練労働を未熟練労働とどう比較するかという問題はありますが、原理的には分かりやすいものです。

　また、近代経済学には価値（投下労働量）が全くでてこないのも不可解でした。正確に言うと、価値と価格を区別していないというべきでしょうか。マルクス経済学では価値と価格は異なるもので、あくまで価値が本質であり、価格だけ独立して論じるというのは、湖に映った月をみて月を論じるようなものです。

　ただ一方で、効用を考えないとうまく説明できない経済現象があるのも確かです。

　三浦つとむは、スターリンの言語学論文の批判や時枝誠記の言語過程説の発展などで知られていますが、当時は観念論だという批判も受けたよう

です。しかし三浦もどこかで書いていたと思いますが、観念を論じるから観念論というのはおかしく、それでは唯物論でなくタダモノ論になってしまいます。観念のあり方を唯物論的に論じるのが唯物論です。この三浦の姿勢に学んで、効用価値説を労働価値説の立場からどう位置づけられるかということを考えていました。

何かを生産するというときには、直接生産する以外にも、道具を作ってからその道具を使って生産する（迂回生産）という方法もあります。また、多く生産できても生産に多大な時間がかかる生産方法などもあります。人はそういったいろいろな事情を考慮した上で（効用価値説）、直接間接の投下労働量が最小になるような生産方法を選んでいる（労働価値説）と考えれば、両学説が特に矛盾の無く両立し得るものであることは分かります。（ただし実際は通時的効用の最大化と労働最小化に乖離はあります。第8章参照。）

とはいえ通常、マルクスの労働価値説とは、狭い意味では相対価格は投下労働量の比率で決定されるという学説であり、厳密に価値・価格の比率がどうなっているかを調べることも必要です。

マルクスの再生産表式は価値の体系を元にした動学モデルです。動学的一般均衡理論の先駆とも言えます。そこで、最適成長論をマルクスの再生産表式に書き直し、価値と価格の関係を比較することを思いつき、まだ研究途上ですがまとめたのが本書です。

近代経済学でも成長論の優れたテキストが数多く出版されていますが、私が見た中では投下労働量を最適成長論で論じたものは見当たりませんでした。マルクスを新古典派最適成長論で解釈し直した上で、価値・価格問題を論じたものなので、マルクス経済学が専門の方だけでなく、近代経済学（特に経済成長論）が専門の方にも、参考になると思います。現代の成長論のモデルでも、価値と価格の二重の体系が成立していることが分かります。一方で第10章にあるように、価値を論じにくいモデルがあり、それが人的資本論など内生的成長論と関わっていることも興味深いと思います。また、本書は確率制御モデルも扱っています。これ自体は価値・価格問題とは別個にしても興味深いものです。

序章

マルクス経済学では、労働という言葉は非常に重要な位置を占める。労働価値説は広い意味では「労働価値説は、経済諸現象の分析にあたって、（イ）生産＝労働を基底にすえて行なうこと、（ロ）その社会がどのような性格をもった社会であるかによって、特殊な形態が生じること」[*1]である。この意味では、労働価値説は資本主義だけでなく、人類の歴史そのもの自体を労働という観点で分析する、史的唯物論なのである。狭い意味では相対価格の決定の理論である。

人間は労働を通じて生産を行なう。労働の投入のない生産物は存在しない。一見、労働が直接的に投入されていないとしても、間接的には投入されている。例えば、無人工場というオートメーション機械によってなされる生産も、その機械自体の設計・生産に労働が絡んでいる。

労働を通じて、直接消費財の生産のみを行なうよりも、いったん機械（資本財）を生産し、その資本財と労働を用いて消費財を生産した方が多くの消費財を生産できる。ただし、資本財を生産してからその資本財を用いて消費財を生産するのには時間差が生じるため、最適化行動には時間選好を考慮しなければならない。

全章を通じて、通時的効用を最大化する労働の最適配分問題という定式化の下でマルクスを取り扱う。

[*1] 置塩信雄 (1993)pp.83

第 I 部

「マルクス派最適成長論」
の展開

第1章　「マルクス派最適成長論」の到達点と課題

1.1　本章の目的

　置塩がマルクス剰余価値理論の数学的定式化を果たしたとすれば、マルクス史的唯物論の数学的定式化を果たそうとする研究を我々の研究室ではこの数年間継続している。山下裕歩・大西広 (2002) が最初に開発し、大西広 (2002) がより広い視野から解説するところから始まった2部門成長論モデルがそれである。史的唯物論の基本的な内容である①技術の社会規定性、②その歴史的変遷を、①産業革命による資本蓄積過程の開始、②その目標蓄積量の達成後における「資本蓄積のための社会システム」＝資本主義の終焉という形で証明したのが「史的唯物論モデル」であることの根拠となっている。新古典派的な最適成長論モデルでもあるという意味で「マルクス派最適成長論モデル」ないし「新古典派マルクス・モデル」と呼ばれているものである。

　しかし、ここで提起した基本モデルは基本モデルとしての単純さの限界を持っているが、こうした単純さはその基本コンセプトをクリアーにし、かつ操作性を良くすることによってその後の発展可能性の条件ともなっている。したがって、本章では、この基本モデルがどのような方向に発展しつつあるかを簡潔に紹介し、今後の更なる発展方向を示したい。

1.2　基本モデルの構造

　ただし、本書読者には、まだ山下裕歩・大西広 (2002) の基本モデルをご存知ない方もおられると思われるので簡単に示すと次のようになる。す

なわち、ここでは、Y を消費財生産、K を資本ストック、L を社会が保有する総労働力、s をその総労働のうち消費財生産にまわされるものの比率、A, B を生産性パラメーター、α を資本の消費財生産に対する弾力性、$1-\alpha$ を労働投入に対するそれとして、

(i) 消費財生産部門

$$Y = AK^\alpha (sL)^{1-\alpha}$$

(ii) 生産財生産部門

$$\dot{K} = B(1-s)L$$

で表される 2 部門の生産を通じて、資本主義経済は無限時間での通時的効用の最大化を図っていると解釈するというものである。この目的関数は対数効用関数を採用するならば次のように表せる。すなわち、

$$\max_{s(t)} U = \int_0^\infty e^{-\rho t} \log Y \, dt$$

ここで、ρ は時間の割引要素 (時間選好率) である。

　この定式化について必要最低限の解説をするとすれば、それは社会はその保有する総労働力をふたつの生産部門にどう配分すべきかという最適化問題を解いているという解釈である。産業革命以前の手工業部門では、「機械」が存在せず「道具」しかなかったので、生産力発展に必要なのはその蓄積ではなく人間の側の「腕」のブラッシュ・アップでしかなかった。この状況は (i) 式において $\alpha = 0$ という状況として表現することができる。すなわち、(ii) 部門で資本蓄積を行なっても最終目的である消費財生産を拡大することはできないので、すべての労働は (ii) 部門で消費財生産にまわされる。

　しかし、産業革命は「機械」を発明し、よってその使用が「生産的」な状況を形成した。つまり、(i) 式での $\alpha > 0$ なる状況が発生したものと理解される。そして、その場合には当然、総労働の一定部分が (ii) 部門に回され、機械生産がされることが必要となってくる。これが産業革命後の社

会であり、ここでは「資本蓄積が第一義的に重要」となったという意味で我々はこの社会を「資本主義社会」と呼んでいる。

また、我々はこの資本蓄積には目標値があり、そこへの到達によってやがて「資本蓄積が第一義的に重要な社会」すなわち「資本主義社会」が終焉する。この意味で、本モデルは、機械の登場という技術変化が資本主義を必然化し、またかつそれはその進行によっていずれ終焉するということを示しており、これが本モデルを冒頭の意味で「史的唯物論モデル」と呼ぶ理由となっている。簡単なモデルではあるが、その基本を満たしているのである。

なお、ここでは「資本蓄積が第一義的に重要」な時期において必要となるこのような消費の抑制＝投資が国家や富者への富の集中によって多くは担われるという意味で、これを我々は「搾取の第一定義」と呼んでいる。これは「搾取」を歴史的な必要物として理解しようとする立場の反映であり、また、ここではまだ「階級」が表現されていないため、社会構成員がすべて平等であっても存在するようなタイプの「搾取」である。典型的には、スターリン体制や毛沢東体制下で国民はすべて平等でありながらも強蓄積のために消費が抑制されたような状況である。しかし、こうした消費の抑制も資本主義の終焉によって消滅する。このこともがモデルの結論として示されているということが重要である。

1.3　2階級モデルへの拡張

しかし、こうして史的唯物論の基本部分が表現されているとはいっても、やはり「階級」が表現されていないモデルには「マルクス・モデル」として限界があり、この限界を突破すべく大西・藤山 (2003)、大西・山下 (2003)、山下・大西 (2003) などは分析的マルクス主義＝三土の「搾取」概念を利用した「2階級モデル」を作成している。

このモデルは具体的には次のようなものとなっている。すなわち、より多く資本を保有する個人とより少なくしか保有しない個人を「2階級」と

して導入し、前者が後者に資本を貸借することで両者の使用資本量を均一化すると資本に関する収穫逓減型の消費財生産関数の下では総生産が増大し、よってその成果 (生産の増大分) を分け合うことができるというアイデアを内生化したものである。もちろん、この「成果分配」の典型的なケースは前者たる資本の貸し手=資本家がより多くの分け前に預かるということであり、これを「後者 (資本の借り手=労働者) の他人労働の取得」という意味でもうひとつの「搾取」=「搾取の第二定義」とした。そして、この「搾取」が、総体としての資本蓄積経路上でどのような変動をするかを分析したのである。

この結果は極めて興味深いものであった。すなわち、2 階級間の一人当たり労働力が同等で、かつ時間選好率が一定であるのならば、前者と後者の間の成果の配分率がどのようなものであっても、最終的には 2 階級の一人当たり所得は同等となり、それによって「搾取」が解消するというものである。これによって、当初定義の「搾取の第一定義」(価値量で測れば投資生産にまわされる労働時間) にとどまらず、この新しい「搾取の第二定義」もまた最終均衡において死滅することが確認された。「資本主義後の世界」のイメージにぴったり合致する世界がこうしてより具体的に表現することが可能となったのである。

なお、この関係で上記の山下・大西 (2003) は、本源的生産要素が労働のみである場合には、AK モデルなどいくつか異なる生産関数型を持ったとしてもいずれは成長が停止し、かつこの「搾取の第二定義」も消滅することを示している。本源的生産要素が労働だけであるのかないのかが決定的であることを明らかとしたという意味で、我々の「マルクス派最適成長論モデル」と労働価値説との深い結びつきを持つものとして重要な意味を持っている。

1.4　2階級モデルの更なる論点開拓

　こうして開発された「2階級モデル」はその後の研究で更に重要な多くの論点が開拓されて来ている。その成果を具体的に示すと次のようになる。

　まずひとつのブレイクスルーは大西(2005a)によるもので、減価償却なし、二階級の時間選好率均等、資本市場の不存在などといった非常に厳しい条件の下ではあるが、階級分裂が過剰蓄積(全社会的に見て最適資本労働比率を上回ること)をもたらすことを明らかにしたことである。また、こうした過剰蓄積を避ける方法を分類することによってマルクス的方法、社会民主主義的方法、労働組合主義的方法を定義できることを明らかにしたことも重要である。大西(2005a)は、権力的な生産手段の強制的均等化を「マルクス的方法」と呼び、福祉国家や累進課税などによる国家的な消費の促進を「社会民主主義的方法」と呼び、最後に賃上げによる「搾取の第二定義」の抑制を「労働組合主義的方法」と呼んでいる。ついでに言うとより直接に反投資的な運動をする「エコロジスト的方法」も定義可能であろう。

　他方、松尾(2007)は、「マルクス派最適成長論」においては「搾取の第二定義」が定常均衡で消滅することを重視し、それと同じことがマルクス=置塩の搾取概念とローマーの搾取概念についても言えることを解明。ことのことで、マルクス=置塩の搾取概念とローマーの搾取概念の異同を明確化する作業を行なっている。

　また、こうした搾取の定義については藤山(2007)が詳しい検討を行なっている。それは、マルクス=置塩の搾取概念とローマーの搾取概念と我々の「搾取の第2定義」との微妙な異同を検討したもので、その検討によって「搾取の第2定義」が労資の権力関係の存在を協調して「搾取」を考えていかねばならないとするBowles=Gintisの立場をも継承するすぐれた搾取概念であることを明らかにしている。

　さらに、我々の基本モデルを考案した山下の研究もこの分野に進んでいる。山下(2005)は、この2階級モデルを厳密に解き、それ以前のすべて

の「2 階級モデル」が出発点と最終の定常均衡のみしか検討対象としていなかったという限界を突破。期待形成を含む移行動学を導いている。そして、その結果、労働者が自己の資本蓄積経路を決定する場合には定常均衡で資産格差と「搾取の第二定義」が消滅するものの、移行経路で資本家がすべての決定を行なう場合には資産格差と「搾取の第二定義」が消滅しないことを明らかとしている。

また、最近の論文である山下 (2007) では、生産増加分の資本家・労働者間の分配比率が外生的に与えられるこれまでのモデルの限界を突破すべく、賃金決定が労働市場で行なわれるとの特定化を導入している。そして、その結果、社会全体の資本ストックは動学的に最適な蓄積経路を辿るが、資本家、労働者おのおのが個別に所有する資本ストックの蓄積経路は不決定になることが示される。社会全体での資本ストックの増加は労働の限界生産性を増大させ、競争的労働市場を前提とする限り、賃金率を上昇させるので、資本を直接所有しなくても社会全体での資本ストック増加の恩恵を間接的に受けることができる。社会全体での資本蓄積経路が最適であれば、資本の直接所有による恩恵と、賃金率の上昇による間接的恩恵が均等化する。つまり、個別の経済主体は、誰が資本を所有しているかに対しては無関心となる。このことが、個別の資本蓄積経路の不決定性を生むのである。従って、個別の資本蓄積経路を決定するには、資本家か労働者のどちらかの蓄積経路を外生的に与えなければならない。富者が先に資本蓄積率を決定し、貧者は社会全体の最適経路に対して残余分の蓄積をおこなうという特定化のもとでは、資産格差は永続・拡大し得るし、一方、労働者が社会全体での資本蓄積に対し資本家以上の役割を担うという経路も可能な経路であり、この場合、ある時点で、資本家と労働者の立場が逆転しうる。しかし、どのような経路であれ、富者・貧者のどちらをとっても、生涯効用に変化は生じず、また同時にこのような効用水準が最大化された生涯効用水準に対応していることが明らかとなる。つまり、資本家・労働者といった個別の経済主体にとって重要なことは、社会全体での資本蓄積経路が最適であるということであり、それぞれの蓄積経路には相対的に無関心となるのである。こうして、「マルクス派最適成長論」の「2 階級モデ

1.5　生産財生産部門の各種の一般化

　しかし、とはいえ、この「マルクス派最適成長論モデル」の拡張が本格的に始まったのはここ五、六年のことであり、金江は生産財生産部門の一般化に関わってモデルをいくつかのタイプに一般化し、かつまた基本モデルと同じ帰結を導くことができている。それらを整理して並べると次のようになる。すなわち、

I 生産財生産部門が労働のみでなく資本も投入されるケース

(i) 消費財生産部門

$$Y = A(\phi K)^{\alpha}(sL)^{1-\alpha}$$

(ii) 生産財生産部門

$$\dot{K} = B\{(1-\phi)K\}^{\beta}\{(1-s)L\}^{1-\beta}$$

　このケースでも、生産財生産部門で使用される資本 K も自部門が過去に作った資本と労働の生産物であるという意味では、この体系に外から与えられているのは労働のみである。つまり、ここでも本源的生産要素は労働のみであり、かつ現実の生産財生産部門では労働のみでなく資本も投入されているから、これは必要な定式化である。そして、果たしてこの時も全社会の資本労働比率は

$$\left(\frac{K}{L}\right)^{*} = \left(\frac{\alpha(1-\beta)}{\beta(1-\alpha)}\right)\left(\frac{B\beta}{\rho}\right)^{1/(1-\beta)}$$

で定常化する。また、これが α、B の増加関数、ρ の減少関数となっているのも基本モデルと同じである。この帰結は本書第 I 部の第 2 章でも明らかにされている。

II 中間財と労働の投入によって生産される中間財が資本財生産に投入されるケース

(i) 消費財生産部門

$$Y = A(\phi K)^{\alpha}(sL)^{1-\alpha}$$

(ii) 生産財生産部門

$$\dot{K}_1 = B\{(1-\phi)K_1\}^{\beta_1}(\psi K_2)^{\beta_2}(uL)^{1-\beta_1-\beta_2}$$

(iii) 中間財生産部門

$$\dot{K}_2 = C\{(1-\psi)K_2\}^{\gamma}\{(1-s-u)L\}^{1-\gamma}$$

III 資本財が2種類あり、すべての財の生産には両資本財と労働が投入されるケース

(i) 消費財生産部門

$$Y = A(\phi_1 K_1)^{\alpha_1}(\phi_2 K_2)^{\alpha_2}\{(1-s_1-s_2)L\}^{1-\alpha_1-\alpha_2}$$

(ii) 第1生産財生産部門

$$\dot{K}_1 = B_1\{(1-\phi_1-\phi_{12})K_1\}^{\beta_{11}}(\phi_{21}K_2)^{\beta_{12}}(s_1 L)^{1-\beta_{11}-\beta_{12}}$$

(iii) 第2生産財生産部門

$$\dot{K}_2 = B_2(\phi_{12}K_1)^{\beta_{21}}\{(1-\phi_2-\phi_{21})K_2\}^{\beta_{22}}(s_2 L)^{1-\beta_{21}-\beta_{22}}$$

IV 消費財、生産財部門の全要素参加性が労働に依存するケース

(i) 消費財生産部門

$$Y = AK^{\alpha}(sL)^{1-\alpha}$$

(ii) 生産財生産部門

$$\dot{K} = B(1 - s - t - u)L$$

(iii) 消費財生産部門の全要素生産性

$$\dot{A} = tL$$

(iV) 生産財生産部門の全要素生産性

$$\dot{B} = uL$$

以上の四種類のモデルともに、より現実的な仮定の導入であるが、そのどれによっても本来の基本モデルと同じ帰結がもたらされた。それだけ、我々の結論が頑健であることが証明されたわけである。これらは金江 (2007) において公表の途上にある。

1.6 分権的市場均衡モデルへの拡張

他方、これも金江 (2007) として公表途上にある重要な研究として分権的市場均衡として基本モデルを表現し直すという作業がある。「マルクス派最適成長論」の従来のモデルはすべて社会計画者モデルとなっており、それはそれで歴史をどう解釈するかという意味では重要であるが、しかし少なくとも現在の資本主義経済において分権的に諸決定がなされていることを否定することはできない。その意味で、我々の基本モデルを分権的市場均衡として表現し直すという作業は必要である。この作業を金江 (2007) は以下のような定式化で行なっている。すなわち、まず両部門に投入される労働の量をそれぞれ L_1, L_2 として、生産技術を次のように設定する。

消費財生産企業の生産関数

$$Y = AK^\alpha L_1^{1-\alpha}$$

生産財生産企業の生産関数

$$I = BL_2 \tag{1.1}$$

第 1 章 「マルクス派最適成長論」の到達点と課題

$$\dot{K} = I$$

さらに、ここで、労働者の賃金率を w 円、資本のレンタル率を R 円、生産財価格を p 円とする。また、財の取引きとしては、消費財生産企業が 1 単位当り 1 円の消費財を Y だけ家計に販売、生産財生産企業が 1 単位当り p 円の生産財を I だけ家計に販売するとする。現実には企業自身が生産財を購入するが、企業はすべて有価証券の形で家計によって所有され、結局企業資産はすべて家計の有価証券の購入によって賄われているとするとこのような仮定が許されるものとする。この時、家計は、pI の額を消費財生産企業に支払うこととなる。とすると、両種企業の利潤は次のようになる。

消費財生産企業の利潤

$$\Pi = Y - RK - wL_1$$

生産財生産企業の利潤

$$\pi = pI - wL_2$$

この時、家計の目的関数は、

家計の通時的効用

$$U = \int_0^\infty e^{-\rho t} \log a \, dt$$

となる。ただし、家計は以下のような予算制約を伴っている。すなわち、

$$\dot{a} = ra + w(L_1 + L_2) - Y$$

他方、企業の側の最適化は次のようになる。すなわち、資本と労働の投入量の最適化より、消費財生産企業では、

$$\frac{\partial \Pi}{\partial K} = 0 \quad , \quad \frac{\partial \Pi}{\partial L_1} = 0$$

したがって、

$$Y_K = R, Y_L = w \tag{1.2}$$

また、生産財生産企業では、

$$\pi = pI - wL_2 = (pB - w)L_2$$

ただし、$pB > w$ は労働を投入すればするほど利潤が増えることを意味しているという状態なのでこれは均衡ではなく、また、$pB < w$ も均衡とはなりえないので、

$$pB = w \tag{1.3}$$

また、資本市場の裁定条件も考えなければならない。p 円を銀行に預けた場合の利子収入は rp 円である。一方、同じ p 円で資本財1単位を購入した場合の収入は、資本を貸すことによって得られるレンタル収入 Rp 円と、資本財自体の価値の上昇によって得られるキャピタルゲイン $\dot{p}$ 円の合計となる。これらは資本市場では等しく評価されるので

$$rp = Rp + \dot{p} \tag{1.4}$$

以上で、家計、消費財企業、生産財企業すべての最適化条件と予算制約式及び資本市場の裁定条件式が設定された。そして、この問題を解くと、資本蓄積は基本モデルの解と同じ水準まで進んで止まること、その際、すべての労働は消費財生産部門に割り向けられることが分かった。基本モデルの結果がここでも再確認されたことになる。また、この結果、「価格」の世界での様々な政策分析に我々のモデルが応用可能となっている。たとえば、各種税制の効果や外部性に関する分析などである。そして、この分野での研究が現在、複数の大学院生によって取り組まれている。

1.7　労働価値説との関係

また、こうして「価格」の世界が本モデルに導入されると、価値と価格との関係が新しい研究の対象となり、その問題に対する研究も始まっている。これはまだ始まったばかりなので、基本モデルの場合の、かつ定常においての研究に止まっているが、その状態における両部門の投入と産出の関係は次のようになっている。すなわち、

第1章 「マルクス派最適成長論」の到達点と課題

消費財生産企業の生産関数

$Y = AK^{\alpha} L_1^{1-\alpha}$

生産財生産企業の生産関数

$\delta K = BL_2$

ここで、消費財1単位当たりの価値・価格をそれぞれ t_1, p_1、資本財1単位当たりの価値・価格をそれぞれ t_2, p_2 としている。また、総労働を L としており、したがって $L_1 + L_2 = L$ である。

この時、消費財部門では、この期の価値移転量としては資本財 δK と労働 L_1 が用いられ、この時、Y の量の消費財が生産されるから、価値レベルでの投入と産出は、

$t_1 \delta K + L_1 = t_0 Y$

となる。また、資本財部門では労働 L_2 を投入して資本財 δK を産出するので、価値は

$L_2 = t_1 \delta K$

となる。この2式から、
消費財1単位当たりの価値

$t_1 = L/Y$

資本財1単位当たりの価値

$t_2 = L_2/\delta K$

となる。このとき、相対価値比は計算すると

$t_1/t_2 = \{\rho(1-\alpha) + \delta\}K/\alpha Y$

となる。一方、価格は前節の分権経済モデルから計算でき、相対価格比は

$p_1/p_2 = (\rho + \delta)K/\alpha Y$

となる。ただし、Y, K, L_2 はすべて定常での値とする。

一般に $t_1/t_2 \neq p_1/p_2$ であることが分かる。すなわち、定常においても価値と価格は一般には一致しない。ただし、$\rho \to 0$ とすると $t_1/t_2 = p_1/p_2 = \delta K/\alpha Y$ となることから、時間選好率が価値と価格とを乖離させていることが分かる。

なお、これは動学での転化問題と考えられ、総価値＝総価格、総剰余価値＝総利潤との関係を研究中である。

1.8 資本主義を超える長期歴史分析への拡張

こうして、この「マルクス派最適成長論モデル」が労働価値説というマルクス経済学の根本問題にも関わるようになってきているとすれば、他方の「史的唯物論」としての「資本主義モデル」を超え、それ以前の歴史段階やそれ以降の歴史段階にも拡張するという作業も始まっている。

その出発点となっているのは、Ohnishi & Roxiangul(2006) である。ここでは、論文タイトルにあるように、産業革命によって資本主義が発生しまたその資本蓄積の終了後に共産主義社会が到来することを明らかとした基本モデルを、農業の発明＝農業革命が狩猟採集社会＝原始共産制社会を農業社会＝奴隷性社会に代え、その後の長い「耕地蓄積時代」をもたらしたモデルに拡張し、また逆に生産における「知識」の重要性の拡大が、資本蓄積を主とする時代を「知識蓄積」を主とする時代に代えたという「知識革命モデル」を提案している。これは「知識」の重要性の増大という現実の新たな状況を説明するとともに、基本的にはそれもまた長期には定常均衡に到ることを明らかにすることによって、「産業革命モデル」で確認された諸結果が「知識革命」においても多くは成り立つことを示し、よって基本モデルの拡張可能性をさらに実証している。特にここでは、「知識」が「資本」と違って収穫逓減ではない可能性も考慮し、また、産業革命後の資本蓄積の進行度合いに違いのある諸国での知識革命の影響の違いも研究の対象となっていて、これら「産業革命モデル」とは異なる結果がさら

に意味を持っている。先に示した「分権的決定モデル」と組み合わされれば、さらに知識の外部性分析も可能となるので、この分野での発展も期待される。

　また、この流れからはやや異色に見える研究も大西 (2007b) によって始まっている。これは、まず産業革命後の「2階級モデル」が想定した富者・貧者間の資本貸借＝資本の物理的移動を、資本は動かず逆に労働力が動くモデル＝貧者が富者に雇用されるモデルとして再解釈し、これによって経営体間の稼働労働力格差が生じることに注目している。これを、「経営規模の歴史的変動」の説明として理解して、それが実際に中国・日本の古代農業において発生したとする実証研究である。実際、「農業革命」は「耕地蓄積」の時代を開始させはしたが、鉄製農具の普及 → 牛耕の発生は牛を持つ農家と持たない農家との農民層分解を生じさせ、それはまさしく「資本」ならぬ「牛」の有無という新たな生産手段の蓄積が開始されたことを意味する。大西 (2007b) はこの鉄器 → 牛耕の発生によって農業社会は新たな段階に達し、それが「奴隷制」との対比で「封建制」としてイメージされる「後期農業社会」だとする。実証研究としては、朝鮮農業などまだまだ緒についたばかりであるが、やはり新たな研究の方向性を開拓した重要な研究であると考えられる。

　なお、大西 (2007a) は、以上とはやや傾向が異なるが、現在の日本が抱える「格差社会」をこのモデルとしてどのように理解できるかを論じている。戦後日本の長期にわたる経済発展は、これまで所得格差を縮小する方向で作用してきたが、ここまでは我々の「2階級モデル」が示唆したとおりであった。が、現実には最近では確かに所得格差は拡大しているのであって、これを大西 (2007a) は時間選好率格差自体が「階級間」に形成されてしまったことだと分析する。同じ時間選好を持つ均質な国民性が崩されたこととしてより深刻に現代を捉えているわけである。「時間選好率格差が所得格差の原因」というと現実肯定的な響きも持つが、そのような異質な労働態度が形成されたこととして問題を設定し直すと、その持つ意味はまた異なってくる。なお、ここでは定常均衡に相当近づいた社会としての日本社会が、そうでない諸国を近隣に持つことによる国際関係上の配慮

などについても論じられている。

1.9　現在の拡張作業

　以上のようなことで、我々の「マルクス派最適成長論」は各方面への拡張作業がすでに行なわれているが、現在、まだ手がつけられたばかりの、あるいは今後手をつけようとしている段階の拡張作業もある。具体的には、

1. 形岡 (2007) が意図する研究方向。これは「マルクス派最適成長論モデル」が不確実性の下でどのように変容するかを研究したものである。具体的にはこの基本モデルの投資関数にブラウン運動を導入し、その場合に、(1) 資本蓄積のターゲットである最適資本労働比率が高くなり、(2) 蓄積経路上の人々の効用水準は下がる (ただし短期的視野の場合はこの影響は小さい)、(3) しかし不確実性の大小は資本労働比率に影響しない、ことを明らかにしている。
2. 産業革命後の資本労働比率と一人当たり GDP のデータを整備し、現実の蓄積経路がモデルに合致しているかを検証する研究。また、そのスピードで行けば、最適資本労働比率に達するまであと何年かかるかを予測するという研究も可能である。
3. 基本モデルを Diamond モデルタイプの OLG とした場合に過剰蓄積が生じるかどうかのチェック。
4. 基本モデルにおける労働投入一定の仮定を緩め、労働と余暇の選択という選択行為を内生化する作業。このようにすれば、高所得者への所得の集中が貯蓄=投資を促進する可能性を検討できる。もしそうであれば、強蓄積の必要な歴史時代になぜ階級分裂が必要とされたのか、蓄積の停止が必要となった成熟社会において所得格差の縮小がなぜ必要なのかを明らかとすることができる。
5. 2 階級モデルを多数エージェントによりなるモデルに拡張し、資本蓄積経路のそれぞれの段階で階級分裂の状況がどのように変動する

かに関する研究。
6. 基本モデルでは産業革命後に総労働が一気に生産財部門にシフトすることとなり、これは強蓄積のイメージに合致しているが、そのシフトが徐々に進行するという現実もある。これは、消費財産業とその生産に特殊的な生産手段がそれぞれ n 部門存在し、そこでの「産業革命」＝機械使用による生産方法の発明が 1 部門ずつ時間差を伴って進行するとした場合に表現できる現象である。今、この発明が当初は少数であったのがその後集中的に行なわれ、最後にまた少なくなるという分布を想定し、それを正規分布とした上で、さらにn→∞、個々の産業の最適資本労働比率への到達時間 →0 とするとき、総労働のシフトは正規分布に、またマクロ的な一人当たり資本の蓄積経路は綺麗な S 字カーブを描くことになる。
7. この 2 階級モデルは、より多くの資本を持つ先進国とより少ない資本しか持たない途上国との間の「国際的搾取」と解釈することができ、このことは大西 (2005b) でも簡単に触れているが、これを先進国による資本提供、途上国による労働成果の提供といった商品交換における「不等労働量交換」とのフレームワークで解釈できるかどうかに関する研究。

である。これらはまだ研究途上であり、本書ですべてを扱うことはできなかったが、1 については第 4 章, 第 6 章, 第 7 章で扱われている。

第2章 「マルクス派最適成長論」の現実性と価値・価格問題

2.1 本章の目的

　本章は、大西・山下 (2003)、山下・大西 (2003) が提起した「マルクス派最適成長論」モデルの現実性に関わる論点と、それが「マルクス・モデル」と呼ぶにふさわしいものかを評価する重要ポイントとしての価値・価格問題を論じる。この「マルクス派最適成長論」モデルは、産業革命による技術変化が「資本蓄積を第一義的課題とする社会」として定義された資本主義を必然化するが、その後の長期に亘る資本蓄積の進行がやがてその課題を不要化し、したがって資本主義の終焉をもたらすということを主張する壮大な「史的唯物論モデル」として構成されている。こうした「史的唯物論」的内容をモデルの形で定式化しようとしたものは過去に存在しないので、これがそれにふさわしいものであるかを検討することは極めて重大な意義を有する。そして、実際に、これらのモデルには、いくつかの非現実的な課題があり、その解消は不可欠である。また、「マルクス・モデル」と呼ぶためには価格体系と価値体系との対応を求めなければならない。

　さらに具体的に表現すると次のようになる。この「マルクス派最適成長論」モデルは、(2.11) 本源的生産要素は労働のみ (2.12) 資本財部門と消費財部門の2部門モデル (2.13) 個人の長期の最適化行動によって特徴付けられるモデルである。そして、これらの先行研究で得られた主要な結果をまとめると、次のようになる。

　『社会には消費財生産部門と資本財生産部門があり、消費財部門では資本と労働を用いて消費財を生産する。資本財部門では労働のみを用いて資本財を生産する。(i) 減価償却のない場合には、労働は資本財・消費財の生産にそれぞれ用いるのであるが、その比率は初期には資本財生産の比率

が高いが、時間が進むにつれ消費財生産の比率が高くなっていき、定常状態ではすべての労働が消費財生産にまわされ、資本蓄積は停止する。(ii) 減価償却のある場合には、同様に初期には資本財生産の比率が高く、時間が進むにつれ消費財生産の比率が高くなっていき、定常状態では減価償却補填分の資本財生産のみ行なわれる。』

　ここで、疑問が湧く。第一に、資本財生産が労働のみによってなされると仮定されているが、これは非現実的である。資本財生産においてこそ、より多くの資本財が使用されているので、この非現実的仮定は放棄されねばならない。また第二に、この定式化は社会計画者の最適化行動としての定式化であり、これもまた現実の資本主義にとって非現実的である。現実経済では、企業が利潤極大化原理で行動しているのであるから、その仮定に転換されなければならない。最後に第三に、「マルクス・モデル」と呼ぶためには労働価値説との関係もより明確化し、よって価値・価格の両体系の整合性問題が論じられなければならない。

　そこで、資本財生産が労働のみによってなされる「マルクス派最適成長論」モデル（基本モデル）とは異なり、資本と労働でなされるモデルを「拡張モデル」と呼ぶことにし、第二節において分権経済を考える。そして、それらの結果から価値と価格の関係を調べることとする。最後に第三節で結論を述べる。

　ただし、本章では価値・価格の関係はすべて定常状態でのみ考える。また本文中で、各変数は時間 t の関数であるが、煩雑さを避けるため t は省略する。

2.2　資本財が資本と労働によって生産される場合（拡張モデル）

　先行研究の大西・山下 (2003)、山下・大西 (2003) のモデル（基本モデル）では、資本財が労働のみによって生産されると仮定されていた。しかし通常、資本財生産部門の方が資本の有機的構成が高く、資本が労働のみ

2.2 資本財が資本と労働によって生産される場合（拡張モデル）

で生産されるとの仮定は強すぎるので、それを考慮してみたい。すなわち、本節では資本財生産が資本と労働によってなされる拡張モデルを考える。

また、本章では本源的生産要素は労働のみと考えているが、それは生産＝労働の主体である人間が最終的に保有している「投入要素」が労働であり、それと対比される資本がその二次的生産物であるからである。自然界には人間の意志とは独立に様々な物理的化学的生物の運動が日々生じているが、その「運動＝変化」自体はここで対象とする「生産活動」ではない。人間が人間の意志であるものを自然界に投入し、それによってある有益なものを取りだす。その際に「投入するもの」は本源的には労働のみであるという趣旨である。

この意味で、資本が資本と労働で生産されるとしても、本源的生産要素は労働のみであると考えられる。

本節では、まず分権経済での最適化を考え、次に社会計画者の最適化を考え、両者が一致することを示してから価値・価格問題を扱う。

2.2.1 社会計画者

基本モデルでは、資本財生産が労働のみでなされている。この条件を緩和して、資本財が資本と労働によって生産される拡張モデルにおいて価値と価格との関係を調べる。以下の数式において時刻 t を省略するが、説明上の都合で明記することもある。また、定常状態での値を $*$ をつけて表す。

社会には2つの生産部門がある。資本財生産部門と消費財生産部門である。生産関数を

資本財生産部門

$$I(K_1, L_1) = AK_1^\alpha L_1^{1-\alpha} \tag{2.1}$$

$$\dot{K} = I - \delta K \tag{2.2}$$

消費財生産部門
$$C(K_2, L_2) = B K_2^\beta L_2^{1-\beta} \tag{2.3}$$
とし、資源制約を

資本供給
$$K_1 + K_2 = K \tag{2.4}$$

労働供給
$$L_1 + L_2 = L \tag{2.5}$$
とする。

瞬時的効用は $\log C$ であり、通時的効用は瞬時的効用の割引価値の総和（積分）である。
$$U = \int_0^\infty e^{-\rho t} \log C \, dt \tag{2.6}$$
ここで C:消費財 I:投資財 K:資本財 L:労働（定数） $\delta > 0$:減価償却率 $\rho > 0$:時間選好率（定数）であり、$\dot{K}$ は時間微分を表す。また、$0 \leq L_1, L_2 \leq L, 0 \leq K_1, K_2 \leq K$ である。社会計画者は通時的効用を最大化するように労働と資本を各部門に配分する。制御変数が L_1, L_2, K_1, K_2 で状態変数が K である。

制約条件を考慮に入れた経常価値ハミルトニアンを
$$\tilde{H} = \log C + \lambda(I - \delta K) + \tilde{R}(K - K_1 - K_2) + \tilde{w}(L - L_1 - L_2) \tag{2.7}$$
とする。λ は資本財のシャドウプライスである。

一階条件は
$$\frac{\partial \tilde{H}}{\partial K_1} = 0, \frac{\partial \tilde{H}}{\partial K_2} = 0 \iff \tilde{R} = \lambda I_{K_1} = \frac{C_{K_2}}{C} \tag{2.8}$$

$$\frac{\partial \tilde{H}}{\partial L_1} = 0, \frac{\partial \tilde{H}}{\partial L_2} = 0 \iff \tilde{w} = \lambda I_{L_1} = \frac{C_{L_2}}{C} \tag{2.9}$$

$$\frac{\partial \tilde{H}}{\partial K} = \rho \lambda - \dot{\lambda} \iff \frac{\dot{\lambda}}{\lambda} = \rho + \delta - \tilde{R} \tag{2.10}$$
となる。

2.2 資本財が資本と労働によって生産される場合（拡張モデル）

2.2.2 分権経済

分権経済では、生産は企業によって行なわれる。資本は家計が所有しており、資本を企業にレンタルし労働を提供する。

各企業の生産関数を

資本財生産企業

$$I(K_1, L_1) = AK_1^\alpha L_1^{1-\alpha} \tag{2.11}$$

$$\dot{K} = I - \delta K \tag{2.12}$$

消費財生産企業

$$C(K_2, L_2) = BK_2^\beta L_2^{1-\beta} \tag{2.13}$$

とし、資源制約を

資本供給

$$K_1 + K_2 = K \tag{2.14}$$

労働供給

$$L_1 + L_2 = L \tag{2.15}$$

とする。

家計の瞬時的効用は $\log C$ であり、通時的効用は瞬時的効用の割引価値の総和（積分）である。

$$U = \int_0^\infty e^{-\rho t} \log C dt \tag{2.16}$$

ここで C:消費財 I:投資財 K:資本財 L:労働（定数） $\delta > 0$:減価償却率 $\rho > 0$:時間選好率（定数）であり、$\dot{K}$ は時間微分を表す。また、$0 \leq L_1, L_2 \leq L, 0 \leq K_1, K_2 \leq K$ である。家計は通時的効用を最大化するように行動する。

消費財価格を 1 に基準化し、p:資本財価格 R:資本のレンタル率 w:賃金率とする。

各企業は以下の最適化行動を行なう。各時刻 t において、資本財企業は価格・要素価格 $\{p(t), R(t), w(t)\}$ を所与として、投入 $K_1(t), L_1(t)$ を、単期の利潤 $\pi_1(t)$ が最大になるように選択する。

$$\max_{K_1(t), L_1(t)} \pi_1(t) = \max_{K_1(t), L_1(t)} \{p(t)I(t) - R(t)K_1(t) - w(t)L_1(t)\} \tag{2.17}$$

また各時刻 t において消費財企業は、要素価格 $\{R(t), w(t)\}$ を所与として、投入 $K_2(t), L_2(t)$ を、単期の利潤 $\pi_2(t)$ が最大になるように選択する。

$$\max_{K_2(t), L_2(t)} \pi_2(t) = \max_{K_2(t), L_2(t)} \{C(t) - R(t)K_2(t) - w(t)L_2(t)\} \tag{2.18}$$

ここでは簡単のため、両企業共に投資の調整費用を考えていない。

利潤最大化の一階条件より、

$$\frac{\partial \pi_1}{\partial K_1} = 0, \frac{\partial \pi_2}{\partial K_2} = 0 \iff pI_{K_1} = C_{K_2} = R \tag{2.19}$$

$$\frac{\partial \pi_1}{\partial L_1} = 0, \frac{\partial \pi_2}{\partial L_2} = 0 \iff pI_{L_1} = C_{L_2} = w \tag{2.20}$$

が得られる。生産関数が一次同次であることから、均衡では両企業共に利潤は 0 になることが分かる。(2.19) の右辺の意味は、「資本の限界 1 単位当たりの資本財生産額＝資本の限界 1 単位当たりの消費財生産額＝資本のレンタル率」であり、(2.20) の右辺の意味は「労働の限界 1 単位当たりの資本財生産額＝労働の限界 1 単位当たりの消費財生産額＝賃金率」である。

資本市場の裁定条件は、以下のようになる。p を銀行に預けた場合の利子は rp であり、p で資本財を買った場合は、資本を貸すことによる収入 R と、キャピタルゲインまたはキャピタルロス $\dot{p}$ を得る。また、減価償却は δ だが、これは価格では δp なので

$$rp - R - \delta p + \dot{p} \tag{2.21}$$

2.2 資本財が資本と労働によって生産される場合（拡張モデル）

がなりたつ。

家計の予算制約式は

$$\dot{a}(t) = r(t)a(t) + w(t)L - C(t) \tag{2.22}$$

である。ただし、資産を $a(t)(= p(t)K(t))$ で表している。資産の増分は、利子と労賃から消費を差し引いたものに等しいということである。

各時点 t において、家計は当期の資産・利子率・賃金率 $\{a(t), r(t), w(t)\}$ を所与として、この予算制約式 (2.22) の下に、通時的効用 (2.16) を最大化するように、消費量 $C(t)$ を選択する。

$$\begin{aligned}&\max_{C(t)} \int_0^\infty e^{-\rho t} \log C(t) dt \\ &s.t. \quad \dot{a}(t) = r(t)a(t) + w(t)L - C(t)\end{aligned} \tag{2.23}$$

経常価値ハミルトニアンを

$$H = \log C + \mu(ra + wL - C) \tag{2.24}$$

とする。ここで μ は資産 a のシャドウプライスである。

一階条件は

$$\frac{\partial H}{\partial C} = 0 \iff \frac{1}{C} = \mu \tag{2.25}$$

$$\frac{\partial H}{\partial a} = \rho\mu - \dot{\mu} \iff \frac{\dot{\mu}}{\mu} = \rho - r \tag{2.26}$$

この2式から、各時点で $\rho = r(t) - \frac{\dot{C}(t)}{C(t)}$ となることが導かれる。（定常状態では $\frac{\dot{C}}{C} = 0$ となるため、$\rho = r$ となり時間選好率が利子率と等しくなることに注意。）

2.2.3 2つの解の一致

さて、社会計画者の最適化と分権経済の最適化の解が一致することを示そう。

便宜上、資産の単位を円、効用の単位を u と表すことにする。また、資本財1単位を 1kg とする。μ は資産 a のシャドウプライスであるから、μ

の単位は u/円である。p は資本財 1 単位の価格であるから、単位は円/kg である。

一方、λ は資本財のシャドウプライスであるから、単位は u/kg である。よって単位から考えると、$p\mu = \lambda$ となりそうだと推測できる。

実際、(2.19)(2.20) に μ をかけて、(2.21)(2.25)(2.26) を用いると (2.8)(2.9)(2.10) が導かれる。これは、どちらの解も同一であることを示している。

特に $\tilde{R} = \mu R, \tilde{w} = \mu w$ が成り立っており、直観的にも分かりやすい結果である。

2.2.4 定常状態

さて、資本市場の裁定条件から各時点で

$$\rho + \frac{\dot{C}}{C} = \frac{R}{p} - \delta + \frac{\dot{p}}{p} \tag{2.27}$$

が成り立つが、特に定常状態では $\frac{\dot{C}}{C}, \frac{\dot{p}}{p}$ が 0 になるので、

$$\rho = \frac{R^*}{p^*} - \delta \tag{2.28}$$

となるが、$R = pI_K$ なので、

$$I_K^* = \rho + \delta \tag{2.29}$$

が成立する。一方、(2.19)(2.20) を辺々割ると、企業間での技術的限界代替率均等を意味する

$$\frac{C_K}{C_L} = \frac{I_K}{I_L} = \frac{R}{w} \tag{2.30}$$

が得られるので、これに (2.29) を代入すると、

$$\frac{1}{\rho + \delta} C_K^* I_L^* = C_L^* \tag{2.31}$$

が成立する。大西 (2005)、大西・藤山 (2003) でも同様の式があるが、減価償却率が入っていないため、この式は若干の拡張になっている。

2.2 資本財が資本と労働によって生産される場合（拡張モデル）

(2.14)(2.15)(2.30)(2.31) から定常状態での資本財・労働の各生産部門における比率が求まる[*1]。

$$K^* : K_1^* : K_2^* = (\rho+\delta) : \alpha\delta : (\rho+\delta-\alpha\delta)$$
$$L^* : L_1^* : L_2^* = \{\rho(1-\beta)+\delta(1-\alpha)\} : \beta\delta(1-\alpha) : (1-\beta)(\rho+\delta-\alpha\delta) \tag{2.32}$$

この式と、定常状態では $\dot{K}=0$ であることから得られる資本財生産の式 $\delta K = I(K_1, L_1)$ から、資本労働比率が求まる。

$$\left(\frac{K}{L}\right)^* = A^{\frac{1}{1-\alpha}} \frac{\beta(1-\alpha)}{\rho(1-\beta)+\delta(1-\alpha)} \left(\frac{\alpha}{\rho+\delta}\right)^{\frac{\alpha}{1-\alpha}} \tag{2.33}$$

時間選好率 ρ が低いほど、減価償却率 δ が低いほど、資本財生産部門の生産性 A が高いほど、定常状態での資本量が多くなることが分かる。また、この拡張モデルにおける資本労働比率は基本モデルと比べて、消費財生産部門の生産性 B が資本蓄積水準に影響を及ぼしていないのは同様であるが、一方で消費財生産部門のパラメータ β が影響しているのが異なる。基本モデルでは資本財生産部門のパラメータのみによって資本労働比率が決まっていた。(2.33) から、消費財生産関数において資本の生産に対する弾力性 β が大きいほど、資本蓄積水準が大きくなることが分かる。消費財生産に用いられる資本は、直接には資本財生産には関わらないが、長期定常状態における資本蓄積水準に関わってくることが分かる。

ただし基本モデルの場合と違って、移行経路を具体的に計算するのは難しい。また、時間選好率が高いと経路が不安定となる。ここでは簡単に、時間選好率は十分 0 に近いとしておく。

2.2.5 補足 安定性について

(2.32)(2.33) から、定常状態の存在が分かるが、初期資本量に依存せずに (i) 定常状態における資本量が一意に決まること (ii) 定常状態に近づい

[*1] 金江 (2008) では K と L の右辺が入れ替わっており、間違っている。こちらが正しい。

第 2 章 「マルクス派最適成長論」の現実性と価値・価格問題

ていくこと（安定性）が問題である。

本章の 2 部門モデルでの競争均衡解は、

(a) 価格・要素価格 $\{p(t), R(t), w(t)\}$ を所与として資本財企業が最適化 ((2.17) 式)

(b) 要素価格 $\{R(t), w(t)\}$ を所与として消費財企業が最適化 ((2.18) 式)

(c) 資産・利子率・賃金率 $\{a(t), r(t), w(t)\}$ を所与として家計が最適化 ((2.23) 式)

上記 3 つを満たす配分

$\{p(t), r(t), R(t), w(t), a(t), K_1(t), K_2(t), K(t), L_1(t), L_2(t), C(t), I(t)\}_{t=0}^{\infty}$
として求まるが、本モデルでは外部性が存在しないため、そのうちの実物財の資源配分
$\{K_1(t), K_2(t), K(t), L_1(t), L_2(t), L(t), C(t), I(t)\}_{t=0}^{\infty}$ が社会計画者の最適化解と一致する。また、各時点での実物財の資源配分から、(2.19)(2.20)(2.21) より名目変数である価格・要素価格 $\{p(t), r(t), R(t), w(t)\}_{t=0}^{\infty}$ の配分も決まる[*2]。

2.2.6 価格と価値

さて、定常状態において価値・価格の関係を求めよう。

(2.17)(2.18) は均衡では 0 になるので、資本レンタル率 $R^* = p^*(r^* + \delta)$ に注意すると

$$p^*(r^* + \delta)K_1^* + w^*L_1^* = p^*\delta K^* \tag{2.34}$$

$$p^*(r^* + \delta)K_2^* + w^*L_2^* = C^* \tag{2.35}$$

となる。これは以下のことを意味している。

資本財生産部門では、資本 K_1^* と労働 L_1^* を投入して資本財 δK^* を産出する。価格で表すと、資本のレンタル費用が $R^*K_1^*$、労働への支払い

[*2] Benhabib,Nishimura(1979) において一般的な n 部門モデルで、社会計画者の最適化解の場合に示されている。時間選好率が十分 0 に近いと前提すれば、(i)(ii) が成り立つことが分かる。

2.2 資本財が資本と労働によって生産される場合（拡張モデル）

が $w^*L_1^*$、産出は $p^*\delta K^*$ となるが、レンタル費用 $R^*K_1^*$ はさらに調達費用 $p^*\delta K_1^*$ と利子 $p^*r^*K_1^*$ に分解できる。消費財生産部門も同様に解釈できる。

(2.34)(2.35) より

$$\frac{1}{p^*} = \frac{(r^*+\delta)K_2^*L_1^* - (r^*K_1^* - \delta K_2^*)L_2^*}{C^*L_1^*} \tag{2.36}$$

次に価値を考えよう。資本財 1 単位当たりの価値を t_1、消費財 1 単位当たりの価値を t_2 とする。

資本財生産部門では、生産において移転される資本財の価値が $t_1^*\delta K_1^*$ であり、労働が L_1^* だけ投入され、産出される資本財の価値は $t_1^*\delta K^*$ である。消費財生産部門では、生産において移転される資本財の価値が $t_1^*\delta K_2^*$ であり、労働が L_2^* だけ投入され、産出される消費財の価値は $t_2^*C^*$ である。

よって、次が成り立つ。

$$t_1^*\delta K_1^* + L_1^* = t_1^*\delta K^* \tag{2.37}$$

$$t_1^*\delta K_2^* + L_2^* = t_2^*C^* \tag{2.38}$$

この 2 式から、

$$t_1^* = \frac{L_1^*}{\delta K_2^*} \tag{2.39}$$

$$t_2^* = \frac{L}{C^*} \tag{2.40}$$

となる。

(2.39)(2.40) より

$$\frac{t_2^*}{t_1^*} = \frac{\delta K_2^*}{C^*}\frac{L}{L_1^*} \tag{2.41}$$

よって

$$\frac{1}{p^*}\bigg/\frac{t_2^*}{t_1^*} = \frac{(r^*+\delta)K_2^*L_1^* - (r^*K_1^* - \delta K_2^*)L_2^*}{\delta K_2^* L} \tag{2.42}$$

となるが、(2.32) より

$$\begin{aligned}\frac{1}{p^*}/\frac{t_2^*}{t_1^*} &= \frac{\rho(1-\alpha)+\delta(1-\alpha)}{\rho(1-\beta)+\delta(1-\alpha)} \\ &= \frac{1-\alpha}{1-\beta} + \frac{1-\alpha}{1-\beta}\frac{\delta(1-\beta)-(1-\alpha)}{\rho(1-\beta)+\delta(1-\alpha)}\end{aligned} \quad (2.43)$$

となる。(2.43) より、価値と価格が一致するとき、

$$\frac{1}{p^*}/\frac{t_2^*}{t_1^*} = 1 \iff \rho(\alpha-\beta) = 0 \quad (2.44)$$
$$\iff \rho = 0 \text{ または } \alpha = \beta \quad (2.45)$$

となる。このことと $\frac{1}{p^*}/\frac{t_2^*}{t_1^*}$ が ρ に関して単調減少であり、$\rho \to 0$ のとき $\frac{1}{p^*}/\frac{t_2^*}{t_1^*} \to 1$ となることから、(i) 利子率＝時間選好率 ρ が 0 に近ければ近いほど、価値と価格が近似的に等しくなる (ii) 資本財部門、消費財部門の両部門において資本の有機的構成が等しいとき価値と価格が一致するという 2 つのことが分かる。最適成長モデルの定常状態は従来の数理マルクス研究における線型モデルと解することができることが分かる。

従って、時間選好率が 0 に十分近いと前提すれば、価値と価格は定常状態において近似的に等しいと考えられる。(一般に最適成長論においては最適経路の安定性の条件を満たすために、時間選好率は 0 に近いと仮定するのが普通である。) つまり、マルクスの労働価値説は時間選好がなければ成立している。しかし時間選好率が 0 でなければ、厳密には価値と価格は一致しない。価値と価格との乖離の原因が時間選好にある可能性があることが分かる。

なお、本章では定常状態でしか価値と価格の関係を考えていない。これは簡単化のためであるが、たとえば日本のように資本蓄積の歴史的課題を終了したと考えられる社会はすでにこの段階に達しているという意味で[3]、現実に存在しない社会を対象としているわけではない。つまり、本章のここでの結論は資本蓄積の課題を終了した先進諸国ないし共産主義において価値と価格は一致しないことを示したものと言える。それに到る過

---

[3] これは大西 (2007) の認識である。

程でももちろん一致しないから、価値と価格は成長経路でも、またこのような定常状態でもともに一致しないことを本章は導いたことになる。

2.3 結語

本章で得られた帰結は次の通りである。

1. 資本財生産に資本財が用いられる拡張モデルでは、基本モデルとは違って定常状態における資本労働比率に、消費財生産関数のパラメータが影響してくる。しかし、その場合でも消費財生産における資本の弾力性 β が大きいほど資本蓄積水準が大きくなる。消費財生産に用いられる資本は、直接には資本財生産には関わらないが、長期定常状態における資本蓄積水準に関わってくる。
2. 定常状態の近くでは、最適成長モデルを線型モデルとみなして労働価値説を論じることができる。その結果、時間選好率が 0 に近ければ労働価値説が近似的に成り立っているが、時間選好率が 0 に近くなければ価格と価値は乖離する。価値と価格の不一致の原因は時間選好にある可能性がある。したがって価値と価格は、先進諸国ないし共産主義において一致せず、それに到る過程でももちろん一致しない。

本章での価値の計算は、長期定常状態において行なった。定常状態では、毎期の減価償却量と資本財生産量が一致しており、消費財生産量も一定である。最適成長論における定常状態において、従来の数理マルクス研究における線型モデルが成り立っていると解釈することが出来る。線型モデルはこれまで多く研究されているが、それを最適成長論の枠組みの中でも位置づけられるというのは重要である。というのは、一般に他の最適成長モデルにおいても定常状態で線型近似することにより、価値・価格の関係や、価値の動学を論じられるのではないかと予想されるからである。これは、マルクスの価値・価格に、ミクロ的な基礎付けを与えうることにも

なる。

　Shinkai(1960)、Uzawa(1961) では、資本家は投資し、労働者は消費すると行動が外生的に決められている。Morishima(1973) での森嶋・シートン方程式はその条件の下に成立する価値と価格の関係式である。Benhabib,Nishimura(1979) では、一次同次な生産関数をもつ多部門最適成長論が社会計画者の最適化の場合に扱われているが、価値が扱われていない。

　つまり、本章は Benhabib,Nishimura(1979) を 2 部門モデルの場合に、従来の数理マルクス研究の成果との接合の可能性を示したことになる。

補論

　本章では、簡単のために効用関数を対数効用として計算した。また、人口成長や技術進歩も考慮しなかった。そこで異時点間の代替の弾力性が一定の効用関数、人口成長、外生的技術進歩を扱うと、どう異なるか求めてみる。

　社会全体の構成員の通時的効用の総和を

$$U = \int_0^\infty e^{-\rho t} L \frac{\left(\frac{C}{L}\right)^{1-\theta} - 1}{1-\theta} dt \tag{2.46}$$

とする。θ は、異時点間の代替の弾力性の逆数である。したがって、θ が 0 に近いほど異時点間で消費を平準化しなくなる。

資本財生産部門

$$I(K_1, TL_1) = AK_1^\alpha (TL_1)^{1-\alpha} \tag{2.47}$$

$$\dot{K} = I - \delta K \tag{2.48}$$

消費財生産部門

$$C(K_2, TL_2) = BK_2^\beta (TL_2)^{1-\beta} \tag{2.49}$$

とする。ここで T は労働増加的な外生的技術進歩である。

$$\dot{T} = gT \tag{2.50}$$

とする。T の初期値を T_0 とすると、$T = e^{gt}T_0$ と表せる。

人口成長を考え、

$$\dot{L} = nL \tag{2.51}$$

とする。L の初期値を L_0 とすると、$L = e^{nt}L_0$ と表せる。

資源制約を

資本供給

$$K_1 + K_2 = K \tag{2.52}$$

労働供給

$$L_1 + L_2 = L \tag{2.53}$$

とする。

効率的労働 1 単位当たりの消費、資本、投資財生産をそれぞれ添字に e を使い、c_e, k_e, i_e とする。

$$c_e = \frac{C}{LT} \tag{2.54}$$

$$k_e = \frac{K}{LT} \tag{2.55}$$

$$i_e = \frac{I}{LT} \tag{2.56}$$

となる。資本のうち、資本財生産に使われる資本の割合を ϕ_1、消費財生産に使われる労働の割合を ϕ_2 とする。また、労働のうち、資本財生産に使われる労働の割合を $s_1(=\frac{L_1}{L})$、消費財生産に使われる労働の割合を $s_2(=\frac{L_2}{L})$ とする。$0 \leq \phi_1, \phi_2 \leq 1, 0 \leq s_1, s_2 \leq 1$ であり、

$$\phi_1 + \phi_2 = 1 \tag{2.57}$$

$$s_1 + s_2 = 1 \tag{2.58}$$

第 2 章 「マルクス派最適成長論」の現実性と価値・価格問題

である。このとき (2.46) は以下のように変形できる。

$$
\begin{aligned}
U &= \int_0^\infty e^{-\rho t} L \frac{\left(\frac{C}{L}\right)^{1-\theta} - 1}{1-\theta} dt \\
&= \int_0^\infty e^{-\rho t} L \frac{(c_e T)^{1-\theta} - 1}{1-\theta} dt \\
&= \int_0^\infty e^{-\rho t} e^{nt} L_0 \frac{(c_e e^{gt} T_0)^{1-\theta} - 1}{1-\theta} dt \\
&= L_0 T_0^{1-\theta} \int_0^\infty e^{-[\rho - n - g(1-\theta)]t} \frac{c_e^{1-\theta}}{1-\theta} dt - \frac{L_0}{1-\theta} \int_0^\infty e^{-[\rho - n]t} dt \\
&= L_0 T_0^{1-\theta} \int_0^\infty e^{-[\rho - n - g(1-\theta)]t} \frac{c_e^{1-\theta}}{1-\theta} dt - \frac{L_0}{(1-\theta)(\rho - n)} \quad (2.59)
\end{aligned}
$$

また、(2.47) (2.48) (2.49) は

$$i_e = A \left(\phi_1 k_e\right)^\alpha s_1^{1-\alpha} \quad (2.60)$$

$$\dot{k}_e = i_e - \delta^* k_e \quad (2.61)$$

$$c_e = B \left(\phi_2 k_e\right)^\beta s_2^{1-\beta} \quad (2.62)$$

となる。(ただし $\delta^* = \delta + n + g$ とする。)

よって、(2.47) (2.48) (2.49) (2.50) (2.51) の下で (2.46) を最大化する問題は、(2.57) (2.58) (2.60) (2.61) (2.62) の下に

$$U^* = \int_0^\infty e^{-\rho^* t} \frac{c_e^{1-\theta}}{1-\theta} dt \quad (2.63)$$

を最大化する問題に帰着される。(ただし $\rho^* = \rho - n - g(1-\theta)$ とする。)

本章と同様の計算によって、

$$
\begin{aligned}
& 1 : \phi_1 : \phi_2 \\
&= (\rho^* + \delta^*) : \alpha \delta^* : (\rho^* + \delta^* - \alpha \delta^*) \\
& 1 : s_1 : s_2 \\
&= \left\{\rho^*(1-\beta) + \delta^*(1-\alpha)\right\} : \beta \delta^*(1-\alpha) : (1-\beta)(\rho^* + \delta^* - \alpha \delta^*)
\end{aligned}
\quad (2.64)
$$

が求まる。同じく、定常状態での効率的労働1単位当たりの資本が求まる。

$$k_e^* = A^{\frac{1}{1-\alpha}} \frac{\beta(1-\alpha)}{\rho^*(1-\beta)+\delta^*(1-\alpha)} \left(\frac{\alpha}{\rho^*+\delta^*}\right)^{\frac{\alpha}{1-\alpha}} \tag{2.65}$$

＊が付いただけで、全くパラレルな結果になることが分かる。それぞれ $\rho^* = \rho - n - g(1-\theta), \delta^* = \delta + n + g$ を代入すると

$$\begin{aligned}
&K^* : K_1^* : K_2^* \\
&= (\rho+\delta+g\theta) : \alpha(\delta+n+g) : \{\rho+\delta(1-\alpha)+g(\theta-\alpha)-n\alpha\} \\
&L^* : L_1^* : L_2^* \\
&= [(\delta+n+g)(1-\alpha)+\{\rho+n+g(1-\theta)\}(1-\beta)] \\
&\quad : \beta(\delta+n+g)(1-\alpha) : (1-\beta)\{\rho+\delta(1-\alpha)+g(\theta-\alpha)-n\alpha\}
\end{aligned} \tag{2.66}$$

$$\left(\frac{K}{LT}\right)^* = A^{\frac{1}{1-\alpha}} \frac{\beta(1-\alpha)}{(\delta+n+g)(1-\alpha)+\{\rho+n+g(1-\theta)\}(1-\beta)} \\ \times \left(\frac{\alpha}{\rho+\delta+g\theta}\right)^{\frac{\alpha}{1-\alpha}} \tag{2.67}$$

となる。$g=0, n=0$ を代入すると本章の結果と一致する。

第3章 3部門「マルクス派最適成長論モデル」と強蓄積期間

3.1 本章の目的

本章は山下・大西（2002）で定式化され、その後、山下・大西 (2003)、大西・山下 (2003)、大西・藤山 (2003)、大西 (2005)、山下 (2005)、大西・金江 (2008) で発展された「マルクス派最適成長論モデル」を2種類の資本財を持つ3部門モデルに拡張することによって、資本財1と資本財2の蓄積途上で生じる様々な現象を分析する。具体的には資本財1のみで成長をしてきた経済に、資本財2という新たな資本財が登場した際にどのような事態が生じるか、特に資本財1の蓄積が相当進んだ国（「先進国」）とまだその蓄積が十分でない国（「途上国」）において同時に資本財2という新資本財が登場した際の相違の問題などである。

たとえば、18世紀から19世紀初にかけての最初の産業革命の後、19世紀末には化学・電気・石油・鉄鋼の分野での技術革新が進行し、その分野の新しい資本財の蓄積が進んだ。また、今、もし前資本主義において蓄積された「土地資本」を「資本財1」とし、その後の産業革命が蓄積を開始させた「資本」を「資本財2」と定義すれば、この場合も二種類の「資本財」が含まれるモデルとなる。本章が扱う経済とはこのような経済である。

また、本章が先行研究とする「マルクス派最適成長論モデル」は、産業革命以後の無限期間の最適成長過程としてマルクスの資本主義観をモデル化した、労働を唯一の本源的な生産要素とするモデルであって、マルクスと同様生産財生産部門と消費財生産部門という二つの生産部門からなるモデルである。また、ここでは、①資本主義の生成、発展、死滅が説明され、②労働を唯一の本源的生産要素とすること、③生産財生産と消費財生産の二部門モデルとなっていることをもって、「マルクス派最適成長論モデル」

第 3 章　3 部門「マルクス派最適成長論モデル」と強蓄積期間

とされている。

　「マルクス派最適成長論モデル」は産業革命後の社会としての資本主義社会では、人力のみの生産活動ではなく、機械＝資本との共同作業による生産活動が選択されている（産業革命後の社会では、自然に投入可能な本源的な労働のみで消費財生産を行なうのではなく、いったん機械を作るために労働を投入し、その後にその機械と労働との共同で生産活動を行なうことが合理的である）、そのような生産活動の方が人力のみによる生産活動より効率的であるとみなし、このような効率性を達成するために、最終の目的が消費財生産である社会的生産を消費財生産部門と消費財を生産するために必要な生産財を生産する生産財生産部門という二つの生産部門に分けて人類は生産活動を行なっているとみなすのである。

　しかし、上記のように、この「産業革命」にも幾段階かの発展がある。当初の産業革命は繊維工業の機械化として発生したが、こうした作業機の発明はその後別の工業部門にも広がり、たとえば 19 世紀末には化学・電気・石油・鉄鋼の分野での生産過程が大きく変遷し、新種の資本財が世に登場することとなる。こうして「第二次産業革命」と呼ばれる段階がはじまったのである。

　Mottek et al.(1975) 第 1 章や飯田 (2005) が詳述するようにドイツやイギリスの 19 世紀後半の製鉄業は鉄の時代から鋼の時代への移行期であった。イギリスは錬鉄業が根強く残存し、製鋼業においても生産性の低い平炉法が普及したのに対し、ドイツではトマス法、アメリカではベッセマー法による生産性の高い製鋼技術が普及した。また化学工業においても、苛性ソーダの生産方法においてイギリスは旧来のルブラン法にこだわっていたのに対し、ドイツやアメリカは新技術であるソルヴェー法を採用した。いずれにしろ、化学工業の分野ではイギリスは旧技術が普及していたため新技術の導入が遅れてしまったのに対し、後発資本主義国ドイツ・アメリカが急速な発展をし、20 世紀初頭にはイギリスを凌ぐほどになった。これらの新技術は、新種の資本財として捉えられる。

　さらに Mottek et al.(1975) 第 1 章には、「工業の全成長過程のなかで、1870 年代以後、消費材工業の割合はたえず低下した」と書かれており、農

業部門の縮小も含め、GDP 中の消費財生産比率の低下＝投資財生産部門の上昇が示唆されている。

　上記の趣旨から 18 世紀後半のイギリスで始まった産業革命がもたらした各種の資本財を「資本財 1」とし、19 世紀後半にイギリス、ドイツ、アメリカの「第二次産業革命」がもたらした新たな種類の資本財を「資本財 2」とするモデル、すなわち労働を含めれば三種の生産要素をもつ生産関数を導入する。これによって、多段階の「産業革命」の効果を検討するのが本章の目的である。

3.2　「産業革命モデル」のアウトライン

　以上で述べたように、本章が先行研究とするモデルは「マルクス派最適成長論モデル」である。これがマルクス的な要素を反映した「産業革命」のモデル化に成功していると理解するからである。したがって、ここでは、この先行する「マルクス派最適成長論」モデルがどのように「産業革命」を表現したのかをまず明らかにする。

3.2.1　産業革命の定義

　産業革命をどう理解すればよいかについては、それを産業革命以前に機械がなかった頃の手工業との対比によって「マルクス派最適成長論」は理解・表現している。すなわち、この産業革命以前には機械がなく道具しかない以上、生産物の量と質を上げるためには手の熟練の水準を引き上げるしか方法がなく、そのため作業者は親方との間で徒弟関係に入り、その下で何十年と毎日同じ作業を行なうというようなことを行なっていた。こうして親方に従順な繰り返しだけがこの場合には生産力を保つ唯一の方法であったために、このように目上を大切にする人間関係が築かれる。儒教的な道徳観はその代表であり、たとえば、このような関係は今も韓国のような儒教的観念の強い国において見ることができる。産業革命後の現代では定年制が成立し、永く同一人物が組織の長を勤めることは良くないことと

されるようになったが、このような社会通念の転換は機械制大工業の成立という技術的条件の転換によってもたらされたということになる。このように「マルクス派最適成長論」は社会の技術的条件が社会システムや社会規範を決めるというように考えるという意味で唯物論的歴史観、すなわち史的唯物論の立場に立っている。

　こうした転換はそれぞれの作業所内での人間関係で生じたわけではない。たとえば、上記のような熟練の形成の為には、各作業所内で親方が指導する弟子の数は制限されなければならなくなる。大学の大講義のような場で教えられる「科学的」知識ではなく、「技」のようなものは親方との人格的な交流ができる範囲の少人数者に対してしか伝えられないものなので、個々の経営体は小規模である必要があり、経営体間の競争を制限して大規模経営を抑止する封建的な同業組合も形成される。こうして同業組合のような社会制度もまたこの時代の技術的条件によって規定されていたことが分かる。

　しかし、このような時代も機械の登場によって終わる。というのは、機械が登場すると生産物の質や量は以前のような熟練に依存する必要がなくなり、機械の質や量によって決まるようになったからである。そして、このため、熟練労働者は不要となって職を失い、代わって工場に入った不熟練労働者もいつでも取って代わられる存在以上のものにはなれなかった。また、このため彼らの雇い主に対する交渉力は弱くなり、賃金などの労働条件は悪化した。しかし、問題は、この結果として、対する資本家の取り分＝利潤はさらに大きくなってそれが今度は資本として機械に再投下されることとなることである。こうして産業革命後の社会では資本＝機械が社会の主人公のように振る舞い、その増殖が自己目的であるかのように運動するようになったのである。このように社会＝資本主義社会を作り上げたものとして「産業革命」を捉えるというのが本章が基礎とする「マルクス派最適成長論」の「産業革命」理解である。

3.2.2 産業革命のモデル化

　以下では、このように理解された産業革命をモデルで表現してみよう。産業革命後の社会としての資本主義社会では、人力のみの生産活動ではなく、機械＝資本という生産要素が生産において重要な役割を果たすようになり、このことを先の「産業革命モデル」は消費財生産部門 (Y) について、投入資本財 (K) が生産の資本弾力性 $\alpha(>0)$ で生産に貢献するようになったものとモデル化している。産業革命モデルをどうモデル化するかには様々な方法があろうと思われるが、この方法を十分理解することも非常に重要である。なぜなら、ここでは封建制期の「資本」と解釈できなくもない「道具」にはその蓄積の生産力効果がない（$\alpha = 0$）と想定しているからである。たとえば、封建的な熟練的生産システムでは職人一人が使用する道具（たとえば、ハンマー）が1本を超えて2本、3本へと増やしても何の効果もない（すなわち、モデル的には $\alpha = 0$ ）からである。しかし、「機械」の場合、労働者一人の使用する「機械」の増大は資本労働比率の増大となって、一人当たり生産の増大をもたらす。[*1]これが、「機械」というものと「道具」というものの持つ技術的な相違のひとつである。一人が動かす機械の増加は Y で表現されるこの部門の一人当たり生産額を増大させるが、同様に、「道具」を増やしても Y は増大しない。これを「機械の登場」として理解された産業革命としてここでは捉えているのである。したがって、ここでの産業革命のモデル化は投入資本 (K) の生産に対する弾力性 α が産業革命前の $\alpha = 0$ から産業革命後に $\alpha > 0$（ただし、α は1以下）にジャンプしたものとして行なわれている。

　ただ、社会にはこうした消費財生産部門 (Y) だけではなく、ここで使用する資本財を生産する部門も必要となるので、それを $\dot{K}$ 部門とし、それがただ労働の投入によって生産を行なっているとすると[*2]、社会に存在す

[*1] この想定は資本と労働の間の代替関係を想定しているものと言いかえることもできる。マルクスも『資本論』において、低賃金国では資本蓄積が進まないことを主張しているから、これは資本財価格と賃金の比率が資本労働比率を決めること＝資本労働比率は可変的であることを主張していることになる。

[*2] 資本の生産においても資本財が通常使用されるからこれは実は非現実的な想定であ

る部門は以下のように二つの生産関数体系として表現できることになる。すなわち

$$Y(t) = A\{[1-k(t)]L\}^{1-\alpha}K(t)^{\alpha}$$

$$\dot{K}(t) = Bk(t)L$$

ここでは、t はその値が時間 t における値であることを示し、労働力人口 L は不変であるとし、A、B は両部門の全要素生産性である。また、$\dot{K}(t)$ は各期における K の増分 (ここでのように減価償却を無視すると投資量に等しい) を意味する。このとき、社会はこの二つの部門に全社会の労働力をそれぞれ $1-k : k (0 < k < 1)$ の比率で配分していることになる。それで、代表的個人の効用最適化問題を次の目的関数の最大化として解く。すなわち

$$\max U = \sum_{t=0}^{\infty} \rho^t A K_t^{\alpha}[(1-k(t))L]^{1-\alpha}$$

すると、長期均衡解は以下のようになる。

$$K^* = \frac{\alpha BL}{(1-\alpha)\rho} \quad k^* = 0$$

したがって、これを最適資本労働比率として書き直すと、以下のようになる。すなわち、この社会の資本蓄積は国民一人当たり資本が

$$\left(\frac{K}{L}\right)^* = \frac{\alpha B}{(1-\alpha)\rho}$$

になるまで続く。方程式系の解としては、これは厳密には無限期間の後の事となるが、例えば今、この値の 99} レベルまでへの到達をもって「到達」と定義するなら、ここまでの社会は、「資本蓄積が第一の社会」としての「資本主義社会」、またその後の社会は「資本蓄積が不要な社会」としての「共産主義社会」となる。

る。しかし、こうして資本財生産のために使用される資本財、その生産のために使用される資本財、その生産のために使用される資本財・・・と遡っていくと、これら全てに使われている総労働量 (資本財生産に携わっている労働の総量) があることになる。この労働量が 2 本目の方程式に示されている k(t)N であると解釈することができる。

3.3 「第二次産業革命」のモデル化

3.3.1 「第二次産業革命」モデルの設定

しかし、我々が本章で検討するのは、そうした「産業革命」に続く、もうひとつの別種の「産業革命」である。これをここでは簡単に「第二次産業革命」と呼んでいるが、モデルとして重要なのは、資本財に2種類があり、その第一の「資本財1」の革命の後、新たに「資本財2」の革命が起こるということである。「資本財1」のみが蓄積されてきた社会に「資本財2」が有効に機能する状況がやってきたときに、この過程は上記の「産業革命モデル」の拡張としてどのように表現できるのであろうか。

ここでは、この問題を次のように定式化する。すなわち、当初の「産業革命モデル」=「マルクス派最適成長論モデル」が「資本 (K)」として持っていたものを「資本財$1(K^1)$」とし、それにさらに「資本財$2(K^2)$」が加わり、その2つの生産要素を使って消費財が以下のようなコブ・ダグラス型の生産関数で生産されるものとする。

$$Y_t = AK_t^{1\alpha}K_t^{2\beta}[(1-s_{1_t}-s_{2_t})L]^{1-\alpha-\beta} \quad \alpha>0, \beta>0, \alpha+\beta<1 \quad (3.1)$$

しかし、この「資本財1」と「資本財2」はともに労働による生産物であるから、それぞれの蓄積方程式がなければならず、ここでは減価償却がないものと仮定して以下のような「資本財1」と「資本財2」の生産関数を考えることとする。

$$\begin{aligned} K_{t+1}^1 - K_t^1 &= Bs_{1_t}L \\ K_{t+1}^2 - K_t^2 &= Ds_{2_t}L \end{aligned} \quad (3.2)$$

ここでK^1は「資本財1」のストック量、K^2は「資本財2」のストック量であり、労働Lとともに投入要素として設定されている。$s_1, s_2, 1-s_1-s_2$はそれぞれ総労働のうち「資本財1」、「資本財2」の生産と消費財生産に用いられる労働の割合である。B, Dは生産性パラメータである。

次に、この経済は同質的な消費者から構成されると仮定し、代表的個人

の効用最適化問題を次の目的関数の最大化として解く。すなわち

$$\max U = \sum_{t=0}^{\infty} \rho^t A K_t^{1\alpha} K_t^{2\beta} [(1-s_{1_t}-s_{2_t})L]^{1-\alpha-\beta} \tag{3.3}$$

この最大化問題のラグランジュ関数は以下のようになる。

$$\begin{aligned}\Lambda = \sum_{t=0}^{\infty} \rho^t \{ & A K_t^{1\alpha} K_t^{2\beta} [(1-s_{1_t}-s_{2_t})L]^{1-\alpha-\beta} \\ & + \lambda_t(K_{t+1}^1 - K_t^1 - Bs_{1_t}L) + \mu_t(K_{t+1}^2 - K_t^2 - Ds_{2_t}L) \}\end{aligned} \tag{3.4}$$

ここで λ_t と μ_t はラグランジュ乗数であり、ρ は時間選好率を表す。そして、最適化の一階条件は

$$\frac{\partial \Lambda}{\partial s_{1_t}} = 0 \implies (1-\alpha-\beta)AK_t^{1\alpha}K_t^{2\beta}[(1-s_{1_t}-s_{2_t})L]^{-\alpha-\beta}(-L)-\lambda_t BL = 0 \tag{3.5}$$

$$\frac{\partial \Lambda}{\partial K_t^1} = 0 \implies \alpha AK_t^{1\alpha-1}K_t^{2\beta}[(1-s_{1_t}-s_{2_t})L]^{1-\alpha-\beta}-\lambda_t+\rho^{-1}\lambda_{t-1} = 0 \tag{3.6}$$

$$\frac{\partial \Lambda}{\partial s_{2_t}} = 0 \implies (1-\alpha-\beta)AK_t^{1\alpha}K_t^{2\beta}[(1-s_{1_t}-s_{2_t})L]^{-\alpha-\beta}(-L)-\mu_t DL = 0 \tag{3.7}$$

$$\frac{\partial \Lambda}{\partial Q_t} = 0 \implies \beta AK_t^{1\alpha}K_t^{2\beta-1}[(1-s_{1_t}-s_{2_t})L]^{1-\alpha-\beta}-\mu_t+\rho^{-1}\mu_{t-1} = 0 \tag{3.8}$$

となる。

(3.5) と (3.6) 式から

$$\begin{aligned}&\alpha AK_t^{1\alpha-1}K_t^{2\beta}[(1-s_{1_t}-s_{2_t})L]^{1-\alpha-\beta} \\ &+ \frac{(1-\alpha-\beta)AK_t^{1\alpha}K_t^{2\beta}[(1-s_{1_t}-s_{2_t})L]^{-\alpha-\beta}}{B} \\ &- \frac{(1-\alpha-\beta)AK_{t-1}^{1\alpha}K_{t-1}^{2\beta}[(1-s_{1_{t-1}}-s_{2_{t-1}})L]^{-\alpha-\beta}}{\rho B} = 0\end{aligned} \tag{3.9}$$

3.3 「第二次産業革命」のモデル化

が得られる。

定常状態においては

$$K_{t+1}^1 = K_t^1 = K^{1*} \quad s_{1_t} = 0$$
$$K_{t+1}^2 = K_t^2 = K^{2*} \quad s_{2_t} = 0$$

であるから、(3.9) 式から

$$\alpha A K^{1*\alpha-1} K^{2*\beta} L^{1-\alpha-\beta} + \frac{(1-\alpha-\beta)AK^{1*\alpha}K^{2*\beta}L^{-\alpha-\beta}}{B}$$
$$- \frac{(1-\alpha-\beta)AK^{1*\alpha}K^{2*\beta}L^{-\alpha-\beta}}{\rho B} = 0 \quad (3.10)$$

$$\frac{\alpha}{K^{1*}} = \frac{(1-\alpha-\beta)(1-\rho)}{BL\rho} \quad (3.11)$$

となり、「資本財1」の最適資本労働比率は

$$\left(\frac{K^1}{L}\right)^* = \frac{\alpha B \rho}{(1-\alpha-\beta)(1-\rho)} \quad (3.12)$$

となる。

同じように、(3.7) と (3.8) 式から、「資本財2」の最適資本労働比率は

$$\left(\frac{K^2}{L}\right)^* = \frac{\beta D \rho}{(1-\alpha-\beta)(1-\rho)} \quad (3.13)$$

となる。このレベルに至るまで、「資本財1」と「資本財2」の長期の蓄積が行なわれることとなるのである。

しかし、「資本財1」の蓄積途上 (あるいは初期) で「資本財2」の技術革命を迎えた途上国では、「資本財1」の蓄積の課題のための s_1 と「資本財2」の蓄積のための s_2 双方が同時に大きな値で必要となるから、消費財生産に直接配分される労働の比率 $1-s_1-s_2$ は非常に小さなものとなる可能性がある。したがって、この問題を定式化しなければならないが、このためには、最後の長期均衡の分析に留まらず、s_1 や s_2 や $1-s_1-s_2$ が時間経路上でどのような値を各期にとるかを定式化する必要がある。

3.3.2 最適経路分析

したがって、今度はこの二つの最適比率に至るまでの経路を見る。その最適経路は以下の図のように画くことができる。

「資本財1」の「産業革命」以前の社会では、先に調べた理由で資本蓄積は意味を持たず、よってそれ以前の K^1 はゼロとなる。しかし、第一次産業革命によって、機械が登場すると α はゼロからある正の値にジャンプし、それ以降は資本の蓄積がある最適値に向かって徐々に低下していく。このとき、s_1 もまた図のようにジャンプし、それ以降、徐々に低下するような経路をたどる。

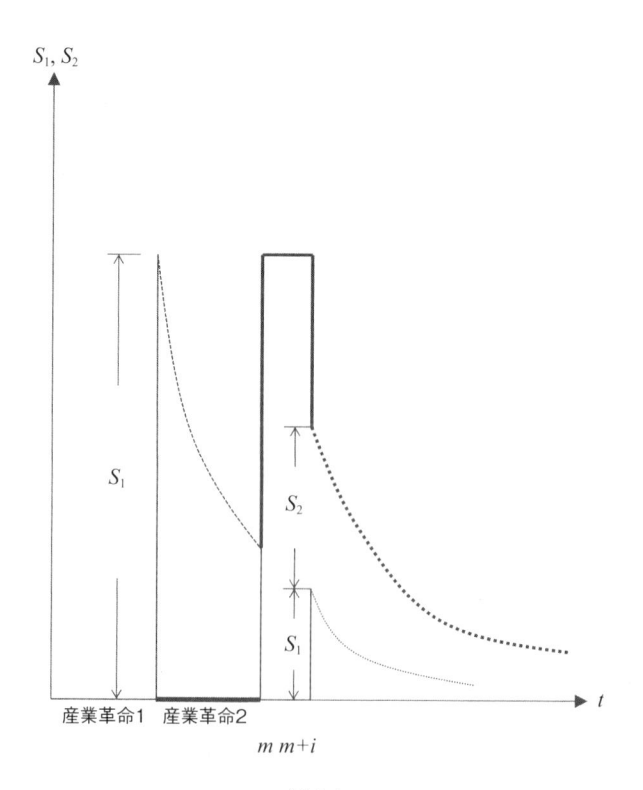

図 3.1

しかし、問題はこの後、更に「資本財2」の登場による新たな「技術革命」が生じることによって今度は β がゼロからある正の値にジャンプした際のことである。当然、「資本財2」の蓄積のために必要な労働がこの期にゼロからある値にジャンプする。特に、「資本財1」の蓄積の課題が終了する以前でのこの第2のジャンプは $s_1 + s_2$ の高さの総「蓄積」の労働を必要とするようになる。

この経路の高さを調べるために、t 期における消費財生産部門における2つの資本労働比率を山下（2005）に従って

$$Z_t = \frac{K_t^1}{(1-s_{1_t}-s_{2_t})L}$$

$$X_t = \frac{K_t^2}{(1-s_{1_t}-s_{2_t})L}$$

と定義し、これらの高さを調べる。ここでまず2つの資本蓄積が最終的に最適値に到達するような最適経路を求める。

この両比率を (3.9) 式と (3.7)、(3.8) 式からなる式に代入すると

$$B\alpha Z_t^{\alpha-1}X_t^{\beta} + (1-\alpha-\beta)Z_t^{\alpha}X_t^{\beta} - \rho^{-1}(1-\alpha-\beta)Z_{t-1}^{\alpha}X_{t-1}^{\beta} = 0$$

$$D\beta Z_t^{\alpha}X_t^{\beta-1} + (1-\alpha-\beta)Z_t^{\alpha}X_t^{\beta} - \rho^{-1}(1-\alpha-\beta)Z_{t-1}^{\alpha}X_{t-1}^{\beta} = 0$$

が得られる。

ここで効用関数が線形であることから、Z_t と X_t は常に一定値

$$Z_t = \frac{\alpha B \rho}{(1-\alpha-\beta)(1-\rho)}, X_t = \frac{\beta D \rho}{(1-\alpha-\beta)(1-\rho)} \tag{3.14}$$

をとる[*3]。これをこの定義式に代入すると

$$\frac{B\alpha\rho}{(1-\alpha-\beta)(1-\rho)} = \frac{K_t^1}{(1-s_{1_t}-s_{2_t})L} \tag{3.15}$$

[*3] この理由は山下（2005）より以下のように説明できる。
　　 Z と X は全く同様に説明できるので、ここでは Z について説明する。
　　 ステップ1）Z は、消費財生産現場における「資本財1」の資本労働比率である（経済全体における資本労働比率ではないことに注意）。Z は状態変数を選択変数で割ったものであるから、ある時点において、状態変数の値に関わらずどんな値でもとることができる。従って、Z の初期値を経済主体は任意に選択することができる。
　　 ステップ2）効用関数が線形であるので、この場合、効用最大化問題は（時間割引

第3章　3部門「マルクス派最適成長論モデル」と強蓄積期間

$$\frac{D\beta\rho}{(1-\alpha-\beta)(1-\rho)} = \frac{K_t^2}{(1-s_{1_t}-s_{2_t})L} \tag{3.16}$$

となる。

ここで（3.15）/（3.16）を求めると $\frac{\alpha B}{\beta D} = \frac{K_t^1}{K_t^2}$ が得られる。

これは各期における「資本財1」と「資本財2」の比率を表わしている。しかし、「資本財2」の技術革新が起った初期時点では蓄積されている「資本財2」はゼロであるから、この両資本財の比率はこの式のようにはならない。したがって、この比率に達するまでは消費財と「資本財1」の生産は一切行なわれず、(家計の最低消費財の確保を別とすれば) 全労働を資本財2の蓄積に投入し資本財2の「強蓄積」を行なうための調整期間が必要となる。この調整期間は図において m 期から $m+i$ 期までの期間 i で表わされている。この i の長さを式で書くと $i = \frac{\beta}{\alpha BL}K_m$ となる。なぜなら、この期間ではすべての労働が「資本財2」の蓄積に向けられるから、「資本財2」の技術革新の開始時点 m における「資本財1」の量 K_m に対

はあるが）総消費量（消費財生産量）を通時的に最大化するということである。言い方を変えれば、異時点間で消費を平準化しようとする力は働かない。「資本財1」は、労働量を所与として、最も生産効率の良いところまで蓄積される。これが定常状態における「資本財1」の資本ストックである。生産効率が良いという意味は、資本の限界生産性と労働の限界生産性が均等化しているという意味である（ただし、資本蓄積は1期遅れるので割引因子が関係してくる）。この点は、大西・藤山（2003）における計算からも理解できる。大西・藤山（2003）ではまさに資本の限界生産性と労働の限界生産性の均等化条件から考察している。ところで、この消費財生産関数が一次同次であるので、定常状態における資本量・労働量の両者を共に何分の1（例えば1/2）にしても、限界生産性の均等化は成立していることになる。これは、スケールをちょうど1/2にした生産である。言い方を変えれば、この生産はスケールは小さいが上記の均等化が成り立っているという意味で効率的である。ということは、資本蓄積過程のあらゆる時点でこの「資本労働比率」Zを選択することが最も生産効率が良い。逆に言えば、この均等化が常に成り立つように、状態変数である資本ストックに対して、労働量の一部分が消費財生産に投入される。そして、残った労働は「資本財1」の蓄積（と「資本財2」の蓄積）に投入される。大西・藤山（2003）では、定常状態のみを考えているので、資本蓄積がもはや不必要な状態であり、消費財生産に投入される労働量が経済全体の労働量と同一となっている。

ステップ3）Zは任意に選択でき、Zを定常状態値と同じにすることが最も効率が良いのであるから、Zは常に定常状態値をとる。

3.3 「第二次産業革命」のモデル化

応すべき「資本財 2」の量 $Q = \frac{\beta D}{\alpha B} K_m$ を「資本財 2」生産部門にすべての労働を投入した際の年間生産量 DL で割った期間 $\frac{(\frac{\beta D}{\alpha B})K_m}{DL} = \frac{\beta}{\alpha BL} K_m$ となるからである[*4]。この結果、同じ生産関数を持つ 2 国を比べる限り、この期間は「資本財 1」の蓄積水準 K_m の大小により長短が決まることとなる。つまり、「資本財 1」の蓄積がすでにより進んでいる先進国ではこの調整期間はより長くなり、それがまだあまり進んでいない途上国ではより短くなる[*5]。

このように、「資本財 2」の技術革命段階での「資本財 1」の蓄積水準の異なる「先進国」と「途上国」とが極端に消費をきり詰めなければならない期間 (強蓄積期間) の長さを異にする（先進国の方が長い）という興味ある結論を導いたことが本論文の一つの美点と言える。しかし、また、「先進国」はこの厳しい移行期間を経なければならないとしても、その期間の後には「資本財 2」の蓄積においても「途上国」よりも高い到達点に達することができるということも非常に興味深い。

3.3.3 「調整期間」後の資本蓄積経路について

さらに、ここでは、このような調整期間が終わった後に 2 つの資本の蓄積に配分される総労働配分率はどうなっているかを調べることにする。なお、ここでは $\frac{\alpha B}{\beta D} = \frac{K_{t+1}^1}{K_{t+1}^2}$ と定義し

$$K_t^2 = \frac{\beta D}{\alpha B} K_t^1 \tag{3.17}$$

[*4] この移行期間も人々は生きねばならないので、最低限の消費財生産は必要になる。この場合、今最低限の国民消費に国民総労働の 100γ パーセントの労働が必要であるとすると、移行期間 i は $\frac{\beta}{\alpha B(1-\gamma)L} K_m$ と変わるが結論に資本蓄積の進んだ国での移行期間の方が長いという結論に変化はない。

[*5] 逓減型の効用関数の場合、消費量が減少するにつれ、限界効用が高くなるため、消費財生産はゼロにならない。その結果として資本財 2 の生産に割り当てられる労働が減少するために調整期間は長くなる。この仮定の方がリアリティーがあるが、本稿では簡単化のため線形の効用関数を仮定した。

第3章 3部門「マルクス派最適成長論モデル」と強蓄積期間

$$K_{t+1}^2 = \frac{\beta D}{\alpha B} K_{t+1}^1 \tag{3.18}$$

と表す。

「資本財1」と「資本財2」の蓄積方程式が

$$K_{t+1}^1 - K_t^2 = B s_{1_t} L \tag{3.19}$$

$$K_{t+1}^2 - K_t^2 = D s_{2_t} L \tag{3.20}$$

であることから、まず (3.20) を

$$\frac{\alpha B}{\beta D}(K_{t+1}^2 - K_t^2) = \frac{\alpha B}{\beta D}$$

と変形して、これに (3.17)、(3.18) を代入すると、

$$\frac{\alpha B}{\beta D}\left(\frac{\beta D}{\alpha B} K_{t+1}^1 - \frac{\beta D}{\alpha B} K_t^1\right) = \frac{\alpha B}{\beta D} D s_{2_t} L$$

となるから、

$$K_{t+1}^1 - K_t^2 = \frac{\alpha B}{\beta} s_{2_t} L$$

が得られる。また、これに (3.19) を代入すると

$$s_{2_t} = \frac{\beta}{\alpha} s_{1_t} \tag{3.21}$$

また、これを (3.15) に代入すると

$$s_{1_t} = \frac{\alpha}{\alpha + \beta}\left(1 - \frac{(1-\alpha-\beta)(1-\rho)K_t^1}{\alpha B \rho L}\right) \tag{3.22}$$

を得ることが出来る。

同じように、(3.21) を

$$s_{1_t} = \frac{\alpha}{\beta} s_{2_t}$$

3.3 「第二次産業革命」のモデル化

と変形し、(3.16) に代入すると

$$s_{2_t} = \frac{\beta}{\alpha+\beta}\left(1 - \frac{(1-\alpha-\beta)(1-\rho)K_t^2}{\beta D\rho L}\right) \qquad (3.23)$$

が得られる。

つまり、(3.22) と (3.23) 式は 2 つの資本財の最適蓄積径路であり、両資本財の生産に配分される労働の比率を表す。

ここで、「資本財 1」の最初の産業革命が起こった初期時点を n、「資本財 2」の二番目の「産業革命」が起こった初期時点を m としよう。このふたつの「産業革命」の期間の「資本財 1」の最適蓄積経路は (3.22) 式から以下のように求められる。

$$s_{1_t} = 1 - \frac{(1-\alpha)(1-\rho)K_t^1}{\alpha B\rho L} \qquad (3.24)$$

そうすると、「資本財 1」の産業革命の初期時点に実現される「資本財 1」の蓄積への労働配分率は以下のように書き換えられる。

$$s_{1_n} = 1 - \frac{(1-\alpha)(1-\rho)K_n^1}{\alpha B\rho L} \qquad (3.25)$$

上述のようにこの第 1 次産業革命以前には「資本財 1」の蓄積はゼロであって、産業革命時から資本蓄積が始められるが、その資本蓄積は次の時期から実現されるという意味で、初期時点において $K_n = 0$ と仮定できる。これを (3.25) 式に代入すると

$$s_{1_n} = 1 \qquad (3.26)$$

を得ることができる。

これは第一次産業革命期のジャンプの高さであり、すべての労働が「資本財 1」の蓄積にまわされ、消費財生産はゼロとなるということを意味する。通常の効用関数を使った場合にはこのような結果とはならないが、線形の効用関数を用いたので、このような結果となったものである。そうすると、この期に消費財生産はゼロになるという不自然なことになるが、もし注 4 と同じような「必要最低消費」の制約条件が与えられるのであれ

53

ば、この不自然さは解消される。その意味で、この不自然さの解消はモデルの修正によって可能である。ただ、以下の議論にとって特に重要ではないので、ここでは特にこうしたモデルの修正は行なわない。

次に、「資本財 2」の技術革命が起こり、その後 2 つの資本財の最適比率が $\frac{K_t^1}{K_t^2} = \frac{\alpha B}{\beta D}$ に到達するまでの調整期間が終了した時点 $m+i$ のジャンプの高さを検討しよう。ただし、ここで i は調整期間である。

そうすると $m+i$ 時点における最適経路は以下のように表すことができる。

$$s_{2_{m+i}} = \frac{\beta}{\alpha+\beta}\left(1 - \frac{(1-\alpha-\beta)(1-\rho)K_{m+i}^2}{D\beta\rho L}\right) \tag{3.27}$$

これは「資本財 2」の技術革命初期に、「資本財 2」の生産に回される労働の配分率である。また、この期における「資本財 1」の蓄積への労働の配分率は

$$s_{1_{m+i}} = \frac{\alpha}{\alpha+\beta}\left(1 - \frac{(1-\alpha-\beta)(1-\rho)K_{m+i}^1}{B\alpha\rho L}\right) \tag{3.28}$$

となり、この二つの労働配分率の合計 $s_{1_{m+i}} + s_{2_{m+i}}$ が $m+i$ 期のジャンプの高さになる。すなわち

$$s_{1_{m+i}} + s_{2_{m+i}} = 1 - \frac{(1-\alpha-\beta)(1-\rho)}{(\alpha+\beta)\rho L}\left[\frac{K_{m+i}^2}{D} + \frac{K_{m+i}^1}{B}\right] \tag{3.29}$$

これは技術革命初期に、「資本財 1」と「資本財 2」の生産に回される労働の総配分率である。

この式から分かるように、この総配分率は $m+i$ 期における両資本の蓄積量に依存しており、蓄積量が大きいほど小さくなり、小さいほど大きくなる。

この時点では両資本財蓄積の到達点がより低い途上国では $s_{k_{m+i}}$ が小さいものの、より高い $s_{k_{m+i}} + s_{q_{m+i}}$ が要求されることになり、先進国より厳しい消費制限を経験しなければならないということを意味する。

3.3.4 「資本財 2」の技術革命時のジャンプについて

最後に、「資本財 2」の技術革命が起こった初期時点 m のジャンプの高さを検討してみる。

m 期から $m+i$ 期までの調整期間中は「資本財 2」の強蓄積のために全労働が投入されるというのがここでの結論であるから、図における m 期から $m+i$ 期までの高さは「資本財 1」の本来の「産業革命」期（n）と同じ高さになる。

またもう一つ、この結果で途上国にとって重要なのは、「資本財 1」の蓄積の到達点 K の大小に関わらず、「資本財 2」の技術革命直後に「資本財 2」の蓄積に必要になる労働配分の比率は途上国も先進国も同じであるということである。途上国でも先進国でも「資本財 2」蓄積に同レベルの努力が必要になるのである。

最後に更に一つ、「資本財 2」の技術革命期における s_1 の下方へのジャンプについて説明を付加しておかなければならない。それは、この時点で、α の変化がない場合にはジャンプがなく、以前と同様 (3.22) 式に従って s_1 は推移するのであるが、例えば、「資本財 2」の技術革命前後を通じて消費財生産部門の規模に関する収穫一定が維持されるならば、「資本財 2」の技術革命時における β の正のジャンプは α のマイナスのジャンプを伴わねばならず、そのうち α のマイナスのジャンプが生じた場合には (3.22) 式に従って、$m-1$ 期の資本蓄積より m 期の資本蓄積量が不連続に減少することになるからである。

次に、(3.22) 式を (3.2) 式での資本蓄積方程式に代入すると

$$K_{t+1}^1 - \frac{\alpha+\beta+\rho-1}{(\alpha+\beta)\rho}K_t^1 = \frac{\alpha BL}{\alpha+\beta} \tag{3.30}$$

が得られ、この差分方程式を解くと

$$K_t^1 = E\left(\frac{\alpha+\beta+\rho-1}{(\alpha+\beta)\rho}\right)^t + \frac{\alpha\rho BL}{(1-\rho)(1-\alpha-\beta)} \tag{3.31}$$

（E は定数）

第3章 3部門「マルクス派最適成長論モデル」と強蓄積期間

を得ることができる。これより

$$K_0^1 = E + \frac{\alpha \rho B L}{(1-\rho)(1-\alpha-\beta)} \tag{3.32}$$

が得られ、これを（3.31）に代入すると

$$K_t^1 = \left(K_0^1 - \frac{\alpha \rho B L}{(1-\rho)(1-\alpha-\beta)}\right) \left(\frac{\alpha+\beta+\rho-1}{(\alpha+\beta)\rho}\right)^t \\ + \frac{\alpha \rho B L}{(1-\rho)(1-\alpha-\beta)} \tag{3.33}$$

が得られる。

これを（3.22）に代入すると

$$s_{1_t} = \frac{\alpha}{\alpha+\beta}\left(1 - K_0^1\frac{(1-\alpha-\beta)(1-\rho)}{\alpha B \rho L}\right)\left(\frac{\alpha+\beta+\rho-1}{(\alpha+\beta)\rho}\right)^t \tag{3.34}$$

が得られる。

これが「資本財2」の技術革命以降に「資本財1」の蓄積がたどる経路となる。

ここでは

$$\lim_{t \to \infty} s_{1_t}$$
$$= \lim_{t \to \infty} \frac{\alpha}{\alpha+\beta}\left(1 - K_0^1\frac{(1-\alpha-\beta)(1-\rho)}{\alpha B \rho L}\right)\left(\frac{\alpha+\beta+\rho-1}{(\alpha+\beta)\rho}\right)^t = 0 \tag{3.35}$$

となるが、これは t が無限大に近づくにしたがって s_{1_t} がゼロに収束し、最終的に「資本財1」の蓄積はゼロになるということを意味する。これは、本来の計算（マルクス派最適成長論モデルの計算）と合致する。

同様に、（3.23）式を（3.2）式の蓄積方程式に代入して、同じような計算を行なうと

$$s_{2_t} = \frac{\beta}{\alpha+\beta}\left(1 - K_0^2\frac{(1-\alpha-\beta)(1-\rho)}{\beta D \rho L}\right)\left(\frac{\alpha+\beta+\rho-1}{(\alpha+\beta)\rho}\right)^t \tag{3.36}$$

が得られる。また、「資本財 2」の技術革命以前に「資本財 2」の蓄積はなかった $(K_0^2 = 0)$ から

$$s_{2_t} = \frac{\beta}{\alpha + \beta} \left(\frac{\alpha + \beta + \rho - 1}{(\alpha + \beta)\rho} \right)^t \tag{3.37}$$

となる。

ここでも

$$\lim_{t \to \infty} s_{2_t} = \lim_{t \to \infty} \frac{\beta}{\alpha + \beta} \left(\frac{\alpha + \beta + \rho - 1}{(\alpha + \beta)\rho} \right)^t = 0 \tag{3.38}$$

となり、t が無限大に近づいていくと、s_{2_t} はゼロに収束し、最終的には追加的な「資本財 2」の蓄積もゼロになることがわかる。

3.4 結語

本章では「マルクス派最適成長論モデル」を「資本財 1」と「資本財 2」という二種類の「資本」を持つモデルに拡張し、後者の「資本財 2」の技術革命が、「資本財 1」の本来の「産業革命」より遅れて生じた場合に、その以前や以降の資本の蓄積経路がどうなるかを分析し、この 2 種類の資本の蓄積経路を求めた。そして、この二つの経路を比較することによって以下のような結果を得た。すなわち、

1. 「資本財 1」の蓄積の到達度の高い状態で「資本財 2」を用いる技術革命を迎えた「先進国」ほど、「資本財 2」の蓄積のためのより長い調整期間を通過しなければならないこと。ただし、この調整期間の後には、「先進国」の方が「資本財 2」においてもより高い蓄積水準を得ること。
2. 資本蓄積の到達度の低い状態で「資本財 2」を用いる技術革命を迎えた「途上国」では、より厳しい両資本への蓄積が消費を制限し、それが先進国よも厳しいということ。

以上である。

第Ⅱ部

不確実性をもつ
マルクス派最適成長モデル

第4章 資本財生産に不確実性を伴うマルクス派最適成長論

4.1 本章の目的

これまでの章では、労働を唯一の本源的生産要素とするマルクス派最適成長論を扱った。しかしこれらはすべて確定系であり、不確実性を考慮した場合にどうなるかは扱われていない。そこで本章では、資本財部門に確率項を加えて確率系モデルへと拡張した場合、どういう違いが生ずるかを調べる[*1]。

4.2 確率制御モデル

資本財は労働のみで生産される基本モデル、また社会計画者モデル（代表的個人モデル）を考える。経済には2つの生産部門があるとする。消費財部門と資本財部門である。

各部門の生産関数をそれぞれ
消費財生産部門

$$Y_t = K_t^\alpha (u_t L)^\beta \tag{4.1}$$

資本財生産部門

$$dK_t = (1 - u_t)Ldt + \sigma K_t dB_t \tag{4.2}$$

とする。Y_t：消費財、K_t：資本財、L：労働、B_t：ブラウン運動（標準ウィナー過程）、u_t：制御関数（$0 < u_t \leq 1$）、$\alpha + \beta = 1$ とする。各変数

[*1] フローである消費財よりも、ストックである資本財の生産に不確実性を入れた方が有意な結果を得られやすいので、資本財部門にのみ確率項を導入した。

第4章 資本財生産に不確実性を伴うマルクス派最適成長論

の右下の添字 t は、各時点 t での値を意味する。また、資本財の単位を十分大きく取って、$K_t \leq \frac{L}{\rho\beta}$ となるようにしておく[*2]。

通常の確定系と違い、資本財生産関数 (4.2) の右辺第 2 項に標準ブラウン運動の項が加わり確率微分方程式で表わされているのが、この確率制御モデルの特色である。

代表的個人の t 時点における期待通時的効用は 0 時点で測って

$$U_t = E_t \left[\int_t^\infty e^{-\rho s} \log Y_s ds \right] \tag{4.3}$$

であり、代表的個人はこれを最大化するように行動する[*3]。

この最適化問題は、最適評価関数 Φ と最適制御関数 u^* を見つけることである。

$$\Phi(t, K) = \sup_{0 < u_t \leq 1} U_t^u \tag{4.4}$$

ここで、U の右上にある添え字 u は、制御関数 u のことである。

4.3 モデルの解法

(4.2) に Girsanov の定理を用いて測度変換を行なう。$d\widehat{B}_t = dB_t + \frac{L}{\sigma K_t} dt$ とおくと

$$dK_t = -u_t L dt + \sigma K_t d\widehat{B}_t$$

(4.3) に対応する伊藤拡散過程の微分生成作用素 A^u は

$$A^u f = \frac{\partial f}{\partial t} - u_t L \frac{\partial f}{\partial K} + \frac{1}{2}(\sigma K_t)^2 \frac{\partial^2 f}{\partial K^2} \tag{4.5}$$

[*2] この仮定と (4.15) から $u_t \leq 1$ となる。$u_t \geq 1$ となるケースを排除するために必要な仮定である。

[*3] ρ が大きいほど、将来の消費はより割り引いて評価されることになる。資本財を生産すればその資本財を使って将来、より多くの消費財を生産できるようになるがそのために労働が $(1 - u_t)L$ だけ割かれるため、現在の消費が少なくなる。つまり、将来の生産増と現在の消費がトレードオフになっているが、その度合いが ρ によって決まる。

である。
$$\eta(u) := e^{-\rho t}\log Y_t + A^u\Phi \tag{4.6}$$
とおくと、Hamilton-Jacobi-Bellman 方程式は
$$\sup_u \eta(u) = 0 \tag{4.7}$$
となる。これを満たす最適制御関数 u^* が存在するならば、当然
$$\eta(u^*) = 0 \tag{4.8}$$
となっていなければならない。

(4.7) から、一階条件は
$$\frac{\partial \eta}{\partial u} = 0 \iff u_t = \frac{e^{-\rho t}\beta}{L\frac{\partial \Phi}{\partial K}} \tag{4.9}$$
となる。最適評価関数が未知なので、適当な関数型を仮定して求めてみる[*4]。
$$\Phi(t,K) = e^{-\rho t}(a\log K_t + b) \tag{4.10}$$
と置く。a, b は未知の定数であり、これを求めるのが目標である。(4.9) の右辺に代入して
$$u_t = \frac{\beta K_t}{aL} \tag{4.11}$$
となる。

(4.10)(4.11) を (4.8) に代入するが、計算の簡略化のために (4.8) の両辺に $e^{\rho t}$ をかけた式 $0 = e^{\rho t}\eta(u^*)$ に代入すると、
$$\begin{aligned}0 =& -\rho(a\log K_t + b) - L\frac{\beta K_t}{aL}\frac{a}{K_t} - \frac{1}{2}(\sigma K_t)^2\frac{a}{K_t^2} \\ &+ a\log K_t + \beta\log L + \beta\log\left(\frac{\beta K_t}{aL}\right) \\ =& (1-\rho a)\log K_t - \rho b + \left(-\frac{1}{2}a\sigma^2 + \beta\log\beta - \beta\log a - \beta\right)\end{aligned} \tag{4.12}$$

[*4] 最適評価関数は、通時的効用の被積分関数と同一の関数になることが多い。(4.3) の被積分関数から、こう仮定した。

第 4 章　資本財生産に不確実性を伴うマルクス派最適成長論

これが任意の t で恒等的に成立するためには

$$a = \frac{1}{\rho} \tag{4.13}$$

$$b = \frac{1}{\rho}\left(-\frac{\sigma^2}{2\rho} + \beta\log\beta + \beta\log\rho - \beta\right) \tag{4.14}$$

でなければならない。

4.3.1　最適制御関数及び最適評価関数

(4.13)(4.14) を (4.10)(4.11) に代入して

$$u_t^* = \frac{\beta\rho K_t}{L} \tag{4.15}$$

$$\Phi(t, K) = \frac{1}{\rho}e^{-\rho t}\left(\log K_t - \frac{\sigma^2}{2\rho} + \beta\log\beta + \beta\log\rho - \beta\right) \tag{4.16}$$

が得られる。

(4.15) から、労働の消費財生産への配分比率は、各時点で資本量に比例するように決定されることが分かる。資本が少なければ労働は資本財生産へ多く配分され、資本が多ければ消費財生産へ多く配分されることが分かる。

(4.16) から、最適評価関数は資本や時間選好率だけでなく、分散を含むことが分かる。確定系では起こりえなかったことである。

4.3.2　定常期待資本ストック

最適評価関数が決定したので、$t \to \infty$ での K_t を求めることができる。(4.15) を (4.2) に代入して

$$dK_t = (L - \beta\rho K_t)dt + \sigma K_t dB_t \tag{4.17}$$

となる。両辺を 0 から t まで積分して

$$K_t - K_0 = \int_0^t (L - \beta\rho K_s)ds + \int_0^t \sigma K_s dB_s \tag{4.18}$$

期待値をとると、右辺第 2 項は平均 0 であるから消えて

$$E[K_t] - E[K_0] = E\left[\int_0^t (L - \beta\rho K_s)ds\right] \tag{4.19}$$

t で微分して

$$\frac{dE[K_t]}{dt} = L - \beta\rho E[K_t] \tag{4.20}$$

これは一階非同次線形常微分方程式であり、解は

$$E[K_t] = \frac{L}{\beta\rho} + (K_0 - \frac{L}{\beta\rho})\exp(-\beta\rho t) \tag{4.21}$$

となる。$t \to \infty$ とすると定常状態における期待資本量が求まり

$$E[K^*_{stochastic}] = \frac{L}{\rho\beta} \tag{4.22}$$

である。この式と (4.15) から $t \to \infty$ で $u_t^* \to 1$、すなわち長期定常状態で資本蓄積が停止することが分かる[*5]。

以上から、本章の確率系モデルでは以下の命題が成り立つことが分かる。

(i)、すなわち同じ生産関数でも、確定系よりも確率系の方が定常状態における資本量が大きくなる。(ただし、ブラウン運動の項がない通常の確定系最適成長モデルの定常状態の資本量を $E[K^*_{deterministic}] = \frac{\alpha L}{\rho\beta}$ としている[*6]。)

(ii)σ は 0 でない限り定常期待資本量に影響しない。

[*5] 資本財生産関数にブラウン運動の項があるため、長期定常状態においても絶えず資本量は変動している。正確には長期定常状態での新規資本財生産 dK_t の平均が 0 であるということである。

[*6] 山下・大西 (2003) では
   消費財生産部門 $Y = AK^\alpha(sL)^{1-\alpha}$
   資本財生産部門 $\dot{K} = B(1-s)L - \delta K$
   通時的効用 $U = \int_0^\infty e^{-\rho t}\log Y dt$
   の場合に、定常資本量が $\left(\frac{K}{L}\right)^* = \frac{B\alpha}{\rho(1-\alpha)+\delta}$ となることが示されている。$A = 1, B = 1, \delta = 0, s = u, 1 - \alpha = \beta$ の場合が、本章の確率系モデルに対応する確定系モデルである。

第 4 章　資本財生産に不確実性を伴うマルクス派最適成長論

(iii) 最適評価関数 Φ の右辺の括弧内の第 2 項が負であり、分散 σ^2 の影響が出ている。

(iv) しかも、ρ が小さいほど分散 σ^2 の影響をより増大させてしまう。

これらは、以下のように解することができる。

(i) は、確率系では不確実性に備えるために確定系よりも多くの資本を蓄積しておかなければならないことを意味している。(ii) は (4.22) で σ が現れていないことから分かる。ところで、σ が 0 の場合が確定系である。σ は 0.01 でも 1 でも 100 でも、0 でない限り定常期待資本量はすべて同一の $E[K^*_{stochastic}] = \frac{L}{\rho\beta}$ となるのに、確定系モデルとなる σ が 0 のときには定常資本量が $E[K^*_{deterministic}] = \frac{\alpha L}{\rho\beta}$ となる。σ が 0 か 0 でないかということが大きな違いをもたらすことが分かる。ただし (iii) より、定常期待資本量が同一であっても、σ が大きいほど総効用は小さくなる。また、(iv) は確率系と確定系の間でのきわめて興味深い違いと思われる。確定系では動学の（鞍点）安定性のためには ρ が 0 に十分に近いことが望ましいのだが[*7]、確率系ではそれが分散 σ^2 の影響を大きくし、期待通時的効用を小さくしてしまうため、必ずしも望ましいとは言えないのである。

4.4　結語

本章では確率項を導入した最適成長論を考えた。確率系では、定常期待資本量が確定系より大きくなる。そして確率系では、σ は 0 でない限り何であっても定常期待資本量は同一である。つまり、資本財生産に不確実性があるとないとでは資本ストック量にはっきりとした違いがあることが分かる。また分散 σ^2 が大きいほど、すなわち不確実性が高いほど期待通時的効用が小さくなる。しかも時間選好率が小さいほどその影響が大きい。確定系では時間選好率は小さいほど動学的安定性には望ましく、また定常

[*7] 最適成長モデルにおいて時間選好率 ρ は十分 0 に近いと仮定するのは、通常一般的である。時間選好率と安定性の問題は、西村・矢野 (2007) や、Benhabib,Nishimura(1979) を参照。

状態での資本量も大きい。しかし確率系では資本量が多いほどその変動も大きくなるため、期待通時的効用には負の影響も出てくる。確定系との顕著な相違である。

　資本ストックの量が多いと景気変動も大きくなることも含めて考えると、これは一種の資本主義の不安定性を示しているとも言える。一方で定常期待資本ストック量は一定であるから、資本主義は長期的・平均的に見るなら安定であるが、短期的には不安定だとも見ることができる。

第5章 2部門 RBC モデル ― Matlab によるシミュレーション

5.1 本章の目的

第4章では確率制御モデルを扱った。資本財生産にブラウン運動の項で不確実性が導入されていたが、一般には解くことが難しい。それに対し、簡単に全要素生産性が確率的に変動すると考える方が扱いやすい。いわゆる RBC(Real Business Cycle) モデルである。そこで本章では、労働を唯一の本源的生産要素とし、なおかつ全要素生産性に確率項を持つマルクス的 2 部門 RBC モデルを扱う。その際に、消費財・資本財部門により確率項の影響がどう異なるかを調べるため、(1) 消費財部門 (2) 資本財部門 (3) 消費財・資本財両部門 のそれぞれのケースを比較する。シミュレーションには Matlab と dynare を用いた。

5.2 RBC2 部門モデル

前節と同様に、社会には消費財・資本財二つの生産部門があるとする。労働は s:1-s の割合で消費財・資本財の生産に配分される。その最適な配分比率は、各時点で異なるが、それは通時的効用が最大になるように決定される。

消費財生産

$$Y_t = AK_t^{\alpha}(s_t L)^{1-\alpha} \tag{5.1}$$

資本財生産

$$K_{t+1} - K_t = B(1-s_t)L - \delta K_t \tag{5.2}$$

通時的効用

$$U = E_0 \left[\sum_{t=0}^{\infty} \beta^t \log Y_t \right] \tag{5.3}$$

E は、期待値を意味している。右下の添え字 0 は、0 時点での期待値を表している。ここでは、消費財生産、資本財生産の生産性を表す A,B に外生的技術ショックが起こった場合に、最適パスがどうなるかを調べる。ここでは、三つのケースを考える。

(1) 消費財生産に技術ショックが起こる場合

この場合、消費財生産関数を

$$Y_t = A_t K_t^{\alpha} (s_t L)^{1-\alpha} \tag{5.4}$$

$$A_t = \eta A_{t-1} + \varepsilon_t \tag{5.5}$$

と表せる。ただし、$0 < \eta < 1$ である。
一階条件は

$$\frac{\alpha}{K_{t+1}} + \frac{(1-\alpha)(1-\delta)}{B s_{t+1} L} = \frac{1-\alpha}{\beta B s_t L} \tag{5.6}$$

である。

(2) 資本財生産に技術ショックが起こる場合

この場合、資本財生産関数を

$$K_{t+1} - K_t = B_t(1 - s_t)L - \delta K_t \tag{5.7}$$

$$B_t = \eta B_{t-1} + \varepsilon_t \tag{5.8}$$

と表せる。ただし、$0 < \eta < 1$ である。

(3) 消費財・資本財生産に技術ショックが起こる場合

この場合、消費財・資本財生産関数を

$$Y_t = A_t K_t^\alpha (s_t L)^{1-\alpha} \tag{5.9}$$

$$K_{t+1} - K_t = B_t (1 - s_t) L - \delta K_t \tag{5.10}$$

$$A_t = \eta_1 A_{t-1} + \varepsilon_{1t} \tag{5.11}$$

$$B_t = \eta_2 B_{t-1} + \varepsilon_{2t} \tag{5.12}$$

と表せる。ただし、$0 < \eta_1, \eta_2 < 1$ である。

5.3 シミュレーション

Matlab と dynare を用いたシミュレーション結果の図は、本章末に掲載している。これから、以下のことがわかる。

(1) 消費財部門に正の技術ショックがあっても、資本財・消費財部門への労働配分は各時点で全く変わらない。つまり、技術ショックがあっても最適化行動は全く変わらない。

(2) 資本財部門に正の技術ショックがあった場合、労働配分は技術ショック直後に資本財に一部用いられるが、単調に減少していく。

しかし、消費財生産は技術ショック直後減少したあと、急上昇し、さらに減少し最適定常状態に落ち着いていく。これは、資本財生産性が高くなったときに、

資本財生産を多く生産する方が、消費財生産が一時減少しても通時的には消費量が増えるという行動をとることがわかる。

(3)(2) と同様である。

以上から、技術ショックの影響は、消費財生産よりも資本財生産の方が大きく現れることが分かる。消費財・資本財を区別せずに一つの財として集約して 1 部門として扱うより、マルクスのように 2 部門として扱う方が資本財の特殊性をみるには優れていると言える。

第 5 章　2 部門 RBC モデル—Matlab によるシミュレーション

5.4　結語

　全要素生産性の項が確率的に変動する RBC2 部門モデルにおいて、matlab,dynare を用いたシミュレーションを行なった。これにより、パラメータの変動がどう影響するかをシミュレーションできることが分かる。そこでは、消費財部門への技術ショックは最適化行動に影響を与えないが、資本財部門への技術ショックは特に消費財生産量が急減少・急上昇するという影響を与えることが分かる。単純ではあるが、ある種の不安定性を扱えた。

　本章では価値を扱っていないが、価値で方程式を立てれば、技術進歩や景気変動や外生的技術ショックによる価値、価格の比較などを行なえる可能性があることが分かるが今後の課題としたい。

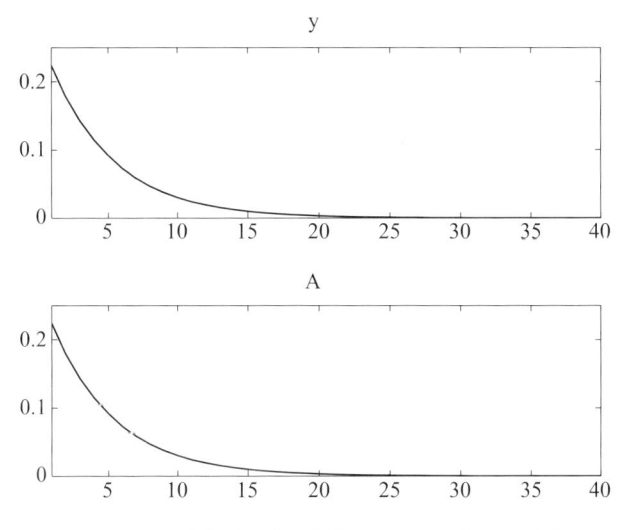

図 5.1　(1) 消費財生産に技術ショックが起こる場合

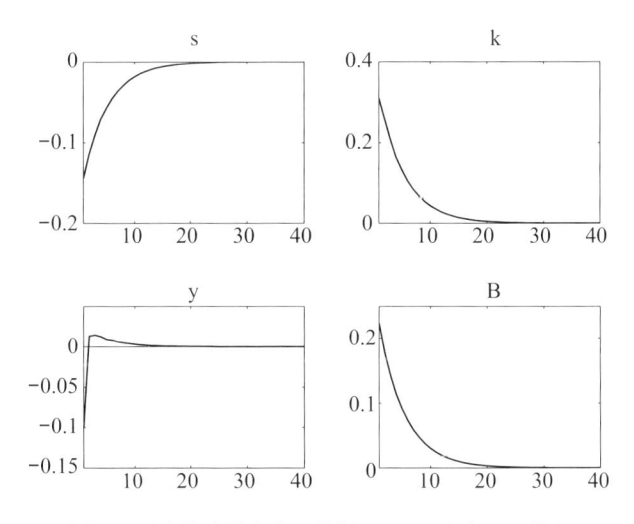

図 5.2　(2) 資本財生産に技術ショックが起こる場合

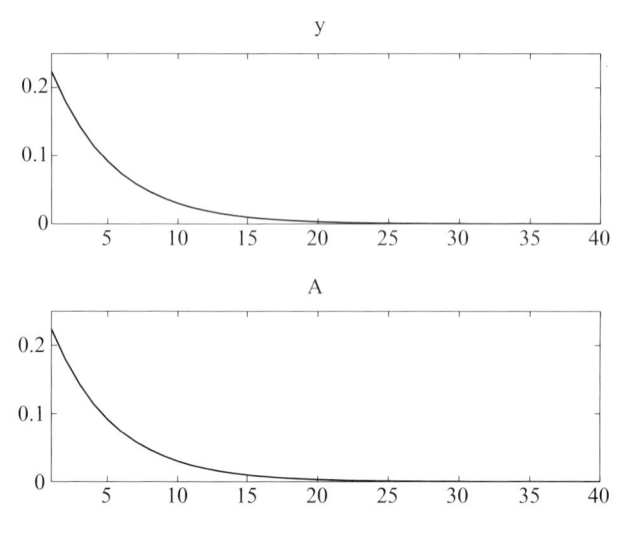

第5章 2部門 RBC モデル—Matlab によるシミュレーション

図 5.3 (3) 消費財・資本財生産に技術ショックが起こる場合

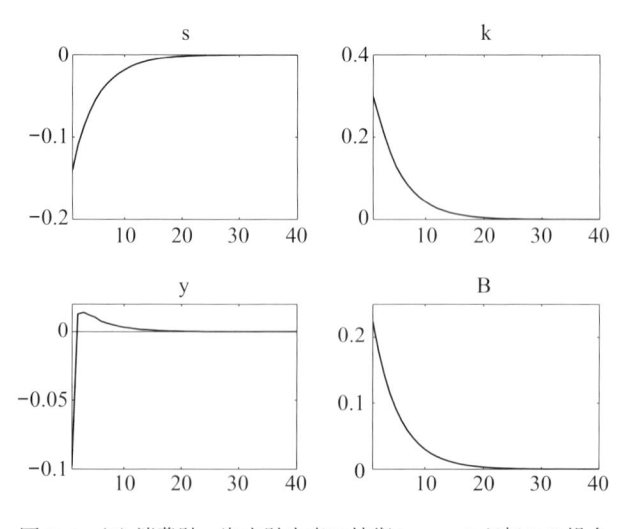

図 5.4 (3) 消費財・資本財生産に技術ショックが起こる場合

第6章 様々な効用関数・生産関数の下での確率的最適成長論

6.1 本章の目的

通常の確定型の制御問題に比べて、確率制御問題は一般になじみがないと思われる。また第4章で扱ったモデルは、効用関数が対数効用で資本財の生産関数が線型であり、しかも減価償却が無かった。そこで、本章ではこれらの解説、別種の解法やこれらの仮定を弱めることを試みる。

6.2 確率型の Hamilton-Jacobi-Bellman 方程式

（確率的）最適制御の解法の概要を簡単に述べる[*1]。

制御ベクトル $u(t) \in U$（制御領域）を含む、状態ベクトル $x(t)$ の確率微分方程式を

$$dx_i = f^i(x(t), u(t), t)dt + \sum_{h_i=1}^{n_i} \sigma_{ih_i}(x(t), u(t), t) dz_{ih_i}(t), i = 1, \cdots, n \tag{6.1}$$

とする。ここで、$dz_{ih_i}(t)$ は標準ウィナー過程の確率微分である。また標準ウィナー過程 $z_{ih_i}(t), z_{jh_j}(t)$ の相関関数を

$$C_{ih_ijh_j} = \frac{Cov\left[dz_{ih_i}(t), dz_{jh_j}(t)\right]}{dt} \tag{6.2}$$

とする。以下では確率演算の公式 $(dt)^2 = 0, dz_{ih_i}(t)dt = 0, dz_{ih_i}(t)dz_{jh_j}(t) = C_{ih_ijh_j}dt$ や伊藤の公式を用いて計算していく。

[*1] 詳しくは板垣 (1983)(1985)(1994) を参照せよ。

第6章 様々な効用関数・生産関数の下での確率的最適成長論

始点 $x(0) = x^0$：所与、終点：自由、時間選好率 $\rho > 0$ としたとき

$$\max_{(u(t))_0^\infty} E_0 \left(\int_0^\infty e^{-\rho t} f^0(x(t), u(t), t) dt \right) \tag{6.3}$$

上記の期待値最大化の確率的最適制御問題を考える。

現在価値最適値関数を

$$J(x(t), t) = \max_{(u(t))_t^\infty} E_t \int_t^\infty e^{-\rho \tau} f^0(x(\tau), u(\tau), \tau) d\tau$$

とし、経常価値最適値関数を

$$V(x(t), t) = e^{\rho t} J(x(t), t) = \max_{(u(t))_t^\infty} E_t \int_t^\infty e^{-\rho(\tau - t)} f^0(x(\tau), u(\tau), \tau) d\tau$$

とする。現在価値最適値関数は 0 時点を基準に効用を割り引いて加算したものであり、経常価値最適値関数は t 時点を基準に効用を割り引いて加算したものである。

$J(x(t), t) = e^{-\rho t} V(x(t), t)$ であるから

$$\frac{J(x(t), t)}{\partial t} = -\rho e^{-\rho t} V(x(t), t) + e^{-\rho t} \frac{V(x(t), t)}{\partial t} \tag{6.4}$$

$$\frac{J(x(t), t)}{\partial x} = e^{-\rho t} \frac{V(x(t), t)}{\partial x} \tag{6.5}$$

という関係が導かれる。

$J(x(t), t)$ は t 時点から無限に先（以下簡単に、∞ 時点と呼ぶ）まで制御変数を最適に選んで、瞬時的効用を割り引いて 0 時点で評価して加算した値を最大にしたものである。

そのとき、t 時点から $t + dt$ 時点まで、$t + dt$ 時点から ∞ 時点までの経路だけ見ても、制御変数は最適に選ばれているはずである（最適性の原理）。

つまり

6.2 確率型の Hamilton-Jacobi-Bellman 方程式

$$
\begin{aligned}
& J(x(t),t) \\
&= \max_{(u(t))_t^\infty} E_t \left\{ \int_t^{t+dt} e^{-\rho\tau} f^0(x(\tau),u(\tau),\tau)d\tau \right. \\
& \left. + \int_{t+dt}^\infty e^{-\rho(\tau-t)} f^0(x(\tau),u(\tau),\tau)d\tau \right\} \\
&= \max_{(u(t))_t^\infty} E_t \left\{ \int_t^{t+dt} e^{-\rho\tau} f^0(x(\tau),u(\tau),\tau)d\tau \right. \\
& \left. + E_{t+dt} \int_{t+dt}^\infty e^{-\rho(\tau-t)} f^0(x(\tau),u(\tau),\tau)d\tau \right\} \\
&= \max_{(u(t))_t^{t+dt}} E_t \left\{ \int_t^{t+dt} e^{-\rho\tau} f^0(x(\tau),u(\tau),\tau)d\tau \right. \\
& \left. + J(x(t+dt),t+dt) \right\} \tag{6.6}
\end{aligned}
$$

両辺から $J(x(t),t)$ を引いて

$$
\begin{aligned}
0 &= \max_{(u(t))_t^{t+dt}} E_t \left\{ \int_t^{t+dt} e^{-\rho\tau} f^0(x(\tau),u(\tau),\tau)d\tau \right. \\
& \left. + J(x(t+dt),t+dt) - J(x(t),t) \right\} \\
&= \max_{(u(t))_t^{t+dt}} E_t \left\{ e^{-\rho t} f^0(x(t),u(t),t)dt + o(dt) \right. \\
& \left. + J(x(t+dt),t+dt) - J(x(t),t) \right\} \tag{6.7}
\end{aligned}
$$

ここで、$o(dt)$ は $\lim_{dt \to 0} \frac{o(dt)}{dt} = 0$ を満たす。上式を両辺 $dt > 0$ で割って $dt \to 0$ とすると

$$
\begin{aligned}
0 &= \max_{u(t)} \left\{ e^{-\rho t} f^0(x(t),u(t),t) + \lim_{dt \to 0} E_t \left[\frac{dJ(x(t),t)}{dt} \right] \right\} \\
&= \max_{u(t)} \left\{ e^{-\rho t} f^0(x(t),u(t),t) + \frac{J(x(t),t)}{\partial t} \right. \\
& + \sum_{i=1}^n f^i(x(t),u(t),t) \frac{\partial J(x(t),t)}{\partial x_i} + \frac{1}{2} \sum_{i=1}^n \sum_{j=1}^n \sum_{h_i=1}^{n_i} \sum_{h_j=1}^{n_j} \\
& \left. \sigma_{ih_i}(x(t),u(t),t) \sigma_{jh_j}(x(t),u(t),t) C_{ih_ijh_j} \frac{\partial^2 J(x(t),t)}{\partial x_i \partial x_j} \right\} \tag{6.8}
\end{aligned}
$$

となる。(6.4)(6.5) から

$$
0 = \max_{u(t)} \Biggl\{ e^{-\rho t} f^0(x(t),u(t),t) - \rho e^{-\rho t} V(x(t),t) + e^{-\rho t} \frac{V(x(t),t)}{\partial t}
$$
$$
+ \sum_{i=1}^{n} f^i(x(t),u(t),t) e^{-\rho t} \frac{V(x(t),t)}{\partial x_i} + \frac{1}{2} \sum_{i=1}^{n} \sum_{j=1}^{n} \sum_{h_i=1}^{n_i} \sum_{h_j=1}^{n_j}
$$
$$
\sigma_{ih_i}(x(t),u(t),t) \sigma_{jh_j}(x(t),u(t),t) C_{ih_i jh_j} e^{-\rho t} \frac{\partial^2 V(x(t),t)}{\partial x_i \partial x_j} \Biggr\} \quad (6.9)
$$

両辺に $e^{\rho t}$ をかけてから移行して整理すると

$$
\rho V(x(t),t) - \frac{V(x(t),t)}{\partial t}
$$
$$
= \max_{u(t)} \Biggl\{ f^0(x(t),u(t),t) + \sum_{i=1}^{n} f^i(x(t),u(t),t) \frac{V(x(t),t)}{\partial x_i}
$$
$$
+ \frac{1}{2} \sum_{i=1}^{n} \sum_{j=1}^{n} \sum_{h_i=1}^{n_i} \sum_{h_j=1}^{n_j}
$$
$$
\sigma_{ih_i}(x(t),u(t),t) \sigma_{jh_j}(x(t),u(t),t) C_{ih_i jh_j} \frac{\partial^2 V(x(t),t)}{\partial x_i \partial x_j} \Biggr\} \quad (6.10)
$$

となる。この式を確率系 Hamilton-Jacobi-Bellman 方程式という。また、右辺の max の後ろの中括弧内の式を確率系経常価値ハミルトニアンという。

$$
H = f^0(x(t),u(t),t) + \sum_{i=1}^{n} \lambda_i f^i(x(t),u(t),t)
$$
$$
+ \frac{1}{2} \sum_{i=1}^{n} \sum_{j=1}^{n} \sum_{h_i=1}^{n_i} \sum_{h_j=1}^{n_j}
$$
$$
\lambda_{ij} \sigma_{ih_i}(x(t),u(t),t) \sigma_{jh_j}(x(t),u(t),t) C_{ih_i jh_j} \quad (6.11)
$$

で表すことにする。ただし、

$$
\lambda_i = \frac{\partial V(x(t),t)}{\partial x_i(t)}, \lambda_{ij} = \frac{\partial^2 V(x(t),t)}{\partial x_i(t) \partial x_j(t)} \quad (6.12)
$$

と定義している。

6.2 確率型の Hamilton-Jacobi-Bellman 方程式

そうすると確率系 Hamilton-Jacobi-Bellman 方程式は

$$\rho V(x(t),t) - \frac{\partial V(x(t),t)}{\partial t} = \max_{u(t)} H \tag{6.13}$$

となる。従って端点解でない限りは $\frac{\partial H}{\partial u} = 0$ が成立する。

また、確率系ハミルトニアンから

$$dx_i = \frac{\partial H}{\partial \lambda_i} dt + \sum_{h_i=1}^{n_i} \sigma_{ih_i}(x(t), u(t), t) dz_{ih_i}(t) \tag{6.14}$$

と表すことができ、随伴方程式

$$d\lambda_i - \left(\rho \lambda_i - \frac{\partial H}{\partial t}\right) dt + \sum_{j=1}^{n} \sum_{h_j=1}^{n_j} \lambda_{ij} \sigma_{jh_j}(x(t), u(t), t) dz_{jh_j}(t) \tag{6.15}$$

が導かれる。これらで解の経路が決まる。

通常の確定系ハミルトニアンと異なるのは、(6.11) で分かるとおり、ブラウン運動の項が加わるところである。特に分散が大きいほど、ハミルトニアンへの影響が大きくなることがかる。$x(t)$ を資本ストックとみなすと (6.12) から λ は効用単位で測った資本財価格（シャドウプライス）であることが分かる。ブラウン運動の項が加わり見た目は煩雑ではあるが、確定系と類似した結果であることが分かる。また経済学的にはハミルトニアンは国民所得とみなせる[*2]。経済学のモデルでは、普通は $\lambda_i > 0, \lambda_{ij} < 0$ であると考えられるから、資本財生産の不確実性が国民所得に負の影響を与えていると解釈できる。

元々の最適値問題 (6.3) は $V(x(0),0)$ に等しい。

特に (6.2) は、同一の標準ウィナー過程同士の相関関数は

$$C_{ih_i ih_i} = \frac{Cov\left[dz_{ih_i}(t), dz_{ih_i}(t)\right]}{dt} = 1 \tag{6.16}$$

となるので、標準ウィナー過程の項が一つしかない場合は常に 1 となる。本書での確率制御モデルは、このケースに限る。

[*2] 例えば、西村清彦 (1990)pp.166 を参照。

第6章 様々な効用関数・生産関数の下での確率的最適成長論

6.3 対称性による解法

Fwu-Ranq Chang(2004) 第5章では、対称性 (Symmetry) を用いた確率制御問題の解法が扱われている。確率制御問題での対称性とは簡単に言えば、初期資本量、資本蓄積経路、消費経路が同時に γ 倍になったとき、最適評価関数が何倍になるかを調べることによって、最適評価関数の関数型を特定しようとするものである。

(i) 第4章の別解

第4章では、最適評価関数を天下り式に $\Phi(t, K) = e^{-\rho t}(a \log K_t + b)$ とおいて解いたが、対称性を用いて解いてみよう。

消費財生産部門

$$Y_t = K_t^\alpha (u_t L)^\beta \tag{6.17}$$

資本財生産部門

$$dK_t = (1 - u_t)Ldt + \sigma K_t dB_t \tag{6.18}$$

である。最適評価関数は

$$V(K_0) = E_0 \left[\int_0^\infty e^{-\rho t} \log Y_t dt \right] \tag{6.19}$$

である。E は期待値を表わす。

経常価値最適評価関数は

$$V(K_t) = E_t \left[\int_t^\infty e^{-\rho(s-t)} \log Y_s ds \right] \tag{6.20}$$

である。

ここで、K_t, L が一斉に γ 倍され $\gamma K_t, \gamma L$ になったとしよう。簡単に言えば、経済の規模が γ 倍になったということである。このとき、(6.17) は1次同次であることから Y_t は γY_t に、(6.18) は線型であることから

$d(\gamma K_t) = (1-u_t)(\gamma L)dt + \sigma(\gamma K_t)dB_t$ となるので制御変数 u_t の経路は変わらない。一方 (6.20) は

$$\begin{aligned}
&V(\gamma K_t) \\
&= E_t\left[\int_t^\infty e^{-\rho(s-t)}\log(\gamma Y_s)ds\right] \\
&= E_t\left[\int_t^\infty e^{-\rho(s-t)}\log Y_s ds\right] + \int_t^\infty e^{-\rho(s-t)}\log\gamma ds \\
&= V(K_t) + \frac{\log\gamma}{\rho}
\end{aligned} \tag{6.21}$$

ここで、$\gamma = \frac{1}{K_t}$ を代入すると $V(1) = V(K_t) - \frac{\log K_t}{\rho}$ より

$$V(K_t) = \frac{\log K_t}{\rho} + b \tag{6.22}$$

とおける。ただし b は定数である。(6.18) に Girsanov の定理を用いて測度変換する。$d\widehat{B}_t = dB_t + \frac{L}{\sigma K_t}dt$ とおくと

$$dK_t = -u_t L dt + \sigma K_t d\widehat{B}_t \tag{6.23}$$

となる。確率系経常価値ハミルトニアンは

$$H = \log Y_t - \lambda_1 u_t L + \frac{1}{2}\lambda_{11}(\sigma K_t)^2 \tag{6.24}$$

である。ただし $\lambda_1 = \frac{\partial V}{\partial K} = \frac{1}{\rho K}, \lambda_{11} = \frac{\partial^2 V}{\partial K^2} = -\frac{1}{\rho K^2}$ であり、また (6.17) から

$$H = \alpha\log K_t + \beta\log u_t + \beta\log L - \frac{u_t L}{\rho K} - \frac{\sigma^2}{2\rho} \tag{6.25}$$

一階条件から

$$\frac{\partial H}{\partial u_t} = 0 \iff u_t = \frac{\rho\beta K_t}{L} \tag{6.26}$$

これから、各時点で

$$\frac{K_t}{u_t L} = \frac{1}{\rho\beta} \tag{6.27}$$

第 6 章 様々な効用関数・生産関数の下での確率的最適成長論

となる。これは、消費財生産現場での資本労働比率が各時点で一定であることを示している。

確率系経常価値 Hamilton-Jacobi-Bellman 方程式は

$$\rho V(K_t) = \max_{u_t} H \tag{6.28}$$

(6.22)(6.25)(6.26) を (6.28) に代入すると

$$b = \frac{1}{\rho}(\beta \log \beta + \beta \log \rho - \beta - \frac{\sigma^2}{2\rho}) \tag{6.29}$$

よって (6.22) から

$$V(K_t) = \frac{1}{\rho}(\log K_t + \beta \log \beta + \beta \log \rho - \beta - \frac{\sigma^2}{2\rho}) \tag{6.30}$$

となる。t 時点から無限に先までの瞬時的効用流列の割引現在価値の総和の期待値 $\Phi(K_t) = E_t \left[\int_t^\infty e^{-\rho s} \log Y_s ds \right]$ は

$$\Phi(K_t) = e^{-\rho t} V(K_t) = \frac{1}{\rho} e^{-\rho t}(\log K_t + \beta \log \beta + \beta \log \rho - \beta - \frac{\sigma^2}{2\rho}) \tag{6.31}$$

となり、第 4 章の結果と一致する。

また、(6.26) を (6.18) に代入して

$$dK_t = (L - \beta \rho K_t)dt + \sigma K_t dB_t \tag{6.32}$$

これから

$$\frac{dE[K_t]}{dt} = L - \beta \rho E[K_t] \tag{6.33}$$

よって定常期待資本量は

$$E[K^*_{stochastic}] = \frac{L}{\beta \rho} > \frac{\alpha L}{\beta \rho} = K^*_{deterministic} \tag{6.34}$$

これは資本財生産部門が $dK_t = (1 - u_t)Ldt$ である確定系モデルの定常資本量 $K_{deterministic}$ よりも、確率系モデルでの期待定常資本量 $E[K^*_{stochastic}]$ の方が大きいことを示している。

(ii) 全要素生産性、減価償却を入れた場合

本節では生産関数に全要素生産性や減価償却が入った場合にどうなるかを扱う。

消費財生産部門

$$Y_t = AK_t^\alpha (u_t L)^\beta \tag{6.35}$$

資本財生産部門

$$dK_t = \{B(1-u_t)L - \delta K_t\}dt + \sigma K_t dB_t \tag{6.36}$$

とする。(6.35) で全要素生産性 A (6.36) で全要素生産性 B, 減価償却 δK が入っているのが第 4 章との違いである。

(6.36) を Girsanov の定理を用いて測度変換する。$d\widehat{B}_t = dB_t + \frac{BL}{\sigma K_t}dt$ とおくと

$$dK_t = -(Bu_t L + \delta K_t)dt + \sigma K_t d\widehat{B}_t \tag{6.37}$$

最適評価関数、経常価値最適評価関数は第 4 章と同じく

$$V(K_0) = E_0\left[\int_0^\infty e^{-\rho t} \log Y_t dt\right] \tag{6.38}$$

$$V(K_t) = E_t\left[\int_t^\infty e^{-\rho(s-t)} \log Y_s ds\right] \tag{6.39}$$

とする。対称性を用いた同様の議論で、第 4 章と同じく関数型は

$$V(K_t) = \frac{\log K_t}{\rho} + b \tag{6.40}$$

となる。

確率系経常価値ハミルトニアンは

$$H = \log Y_t - \lambda_1(Bu_t L + \delta K_t) + \frac{1}{2}\lambda_{11}(\sigma K_t)^2 \tag{6.41}$$

である。ただし $\lambda_1 = \frac{\partial V}{\partial K} = \frac{1}{\rho K}$, $\lambda_{11} = \frac{\partial^2 V}{\partial K^2} = -\frac{1}{\rho K^2}$ であり、また (6.35) から

$$H = \log A + \alpha \log K_t + \beta \log u_t + \beta \log L - \frac{Bu_t L}{\rho K} - \frac{\delta}{\rho} - \frac{\sigma^2}{2\rho} \tag{6.42}$$

第 6 章　様々な効用関数・生産関数の下での確率的最適成長論

一階条件から

$$\frac{\partial H}{\partial u_t} = 0 \iff u_t = \frac{\rho \beta K_t}{BL} \tag{6.43}$$

よって

$$\frac{K_t}{u_t L} = \frac{B}{\rho \beta} \tag{6.44}$$

これは、消費財生産現場での資本労働比率が各時点で一定であることを示している。

確率系経常価値 Hamilton-Jacobi-Bellman 方程式は

$$\rho V(K_t) = \max_{u_t} H \tag{6.45}$$

(6.40)(6.42)(6.43) を (6.45) に代入すると

$$b = \frac{1}{\rho}(\log A + \beta \log \beta + \beta \log \rho - \beta \log B - B\beta - \frac{\delta}{\rho} - \frac{\sigma^2}{2\rho}) \tag{6.46}$$

よって (6.40) から

$$V(K_t)$$
$$= \frac{1}{\rho}(\log K_t + \log A + \beta \log \beta + \beta \log \rho - \beta \log B - B\beta - \frac{\delta}{\rho} - \frac{\sigma^2}{2\rho}) \tag{6.47}$$

となる。t 時点から無限に先までの瞬時的効用流列の割引現在価値の総和 $\Phi(K_t) = E_t\left[\int_t^\infty e^{-\rho s} \log Y_s ds\right]$ は

$$\Phi(K_t) = e^{-\rho t} V(K_t)$$
$$= \frac{1}{\rho} e^{-\rho t}(\log K_t + \log A + \beta \log \beta + \beta \log \rho - \beta \log B - B\beta - \frac{\delta}{\rho} - \frac{\sigma^2}{2\rho}) \tag{6.48}$$

となる。

(6.31) と比べると、$\log A$ の分だけ総効用が大きくなり、$-\beta \log B - B\beta - \frac{\delta}{\rho}$ の分だけ総効用が小さくなることが分かる。A が大きいほど消費財部門の生産性が大きくなることから、総効用が増えることは自然である

が、B が大きいほど資本財生産の生産性が高くなるにもかかわらず、総効用が少なくなることは意外な結果であり、確定系との顕著な相違である。

これは以下のように解することができる。資本財の生産性が大きいと、少ない投入で多くの資本財が生産できるため、消費財の生産にも有利である。これはプラス面である。一方で資本財生産に不確実性があることから、資本財生産の生産性が大きいほど不確実性も大きくなる。対数効用のように、異時点間で消費を平準化する効用関数を持つ経済主体にとっては、不確実性に備えて資本財生産に確定型の場合よりも過剰に資本財を生産せねばならない。これはマイナス面である。プラス面とマイナス面の両面があるが、資本財生産にブラウン運動の形で不確実性が入るとマイナス面の方が大きくなってしまう。

消費財と異なり資本財の生産性は大きくなることが却って総効用を減少させ得ることがあることが分かる。

(iii) 瞬時的効用関数が線型の場合

この節では瞬時的効用関数が対数効用でなく、線型効用である場合を考えてみよう。最適評価関数、経常価値最適評価関数は

$$V(K_0) = E_0 \left[\int_0^\infty e^{-\rho t} Y_t dt \right] \tag{6.49}$$

$$V(K_t) = E_t \left[\int_t^\infty e^{-\rho(s-t)} Y_s ds \right] \tag{6.50}$$

となる。

生産関数は同一とする。すなわち、

消費財生産部門

$$Y_t = A K_t^\alpha (u_t L)^\beta \tag{6.51}$$

資本財生産部門

$$dK_t = \{B(1-u_t)L - \delta K_t\} dt + \sigma K_t dB_t \tag{6.52}$$

第 6 章 様々な効用関数・生産関数の下での確率的最適成長論

とする。Girsanov の定理を用いて測度変換する。$d\widehat{B}_t = dB_t + \frac{BL}{\sigma K_t}dt$ とおくと

$$dK_t = -(Bu_tL + \delta K_t)dt + \sigma K_t d\widehat{B}_t \tag{6.53}$$

まず、対称性アプローチに基づいて最適評価関数の関数型を特定しよう。K_t, L が一斉に γ 倍され $\gamma K_t, \gamma L$ になったとすると、$V(\gamma K_t) = \gamma V(K_t)$ になることから、$\gamma = \frac{1}{K}$ を代入して

$$V(K_t) = aK_t \tag{6.54}$$

の形となることが分かる。すなわち、最適評価関数も線型となる。(この例に限らず、最適評価関数は瞬時的効用関数と似た形となることが多く、関数型の特定に役立つ。)

確率系ハミルトニアンは

$$H = Y - \lambda_1(Bu_tL + \delta K_t) + \frac{1}{2}\lambda_{11}(\sigma K_t)^2 \tag{6.55}$$

である。ただし $\lambda_1 = \frac{\partial V}{\partial K}, \lambda_{11} = \frac{\partial^2 V}{\partial K^2}$ である。したがって $\lambda_{11} = 0$ となる。

一階条件から

$$\frac{\partial H}{\partial u_t} = 0 \iff u_t = \frac{K}{L}\left\{\frac{(1-\alpha)A}{aB}\right\}^{\frac{1}{\alpha}} \tag{6.56}$$

Hamilton-Jacobi-Bellman 方程式は

$$\rho V(K_t) = \max_{u_t} H \tag{6.57}$$

(6.54)(6.55)(6.56) を (6.57) に代入すると、a が求まる。

$$a = A\left(\frac{\alpha}{\rho+\delta}\right)^\alpha\left(\frac{1-\alpha}{B}\right)^{1-\alpha} \tag{6.58}$$

よって、最適評価関数は

$$V(K_t) = A\left(\frac{\alpha}{\rho+\delta}\right)^\alpha\left(\frac{1-\alpha}{B}\right)^{1-\alpha}K_t \tag{6.59}$$

となる。

また、(6.56)(6.58) より制御関数は

$$u_t = \frac{(\rho+\delta)(1-\alpha)K_t}{B\alpha L} \tag{6.60}$$

となり、消費財生産現場での資本労働比率は

$$\frac{K_t}{u_t L} = \frac{B\alpha}{(\rho+\delta)(1-\alpha)} \tag{6.61}$$

となり、各時点で一定となる。

t 時点から無限に先までの瞬時的効用流列の割引現在価値の総和 $\Phi(K_t) = E_t\left[\int_t^\infty e^{-\rho s}Y_s ds\right]$ は

$$\Phi(K_t) = e^{-\rho t}V(K_t) = \frac{1}{\rho}e^{-\rho t}A\left(\frac{\alpha}{\rho+\delta}\right)^\alpha\left(\frac{1-\alpha}{B}\right)^{1-\alpha}K_t \tag{6.62}$$

となる。

補足 線型効用関数の下では $\lambda_{11} = \frac{\partial^2 V}{\partial K^2} = 0$ となり、経常価値ハミルトニアンは、確定型の場合の資本財生産関数である $\dot{K}_t = B(1-u_t)L - \delta K_t$ のときの経常価値ハミルトニアンと同一の式になる。つまり、線型効用のときは確定型も確率型も、ハミルトニアンが同一になっている。これは興味深いことである。

直観的に解釈するならば、以下のようになる。第 3 章脚注 3 で述べたように、効用関数が線型のときには、効用最大化問題は（時間割引はあるが）総消費量（消費財生産量）を通時的に最大化するということである。異時点間で消費を平準化しようとせず、生産効率を良くしようとする。これは、確定型の場合はもちろん、確率型の場合にも当てはまり、確率型・確定型にかかわらず線型効用関数の場合には制御関数は一致する。

もちろん、瞬時的効用関数が線型でない場合は、$\lambda_{11} = \frac{\partial^2 V}{\partial K^2} \neq 0$ なので、一般には確定型と確率型の制御関数は異なる。

6.4 結語

本章では、確率的ハミルトニアン、対称性による解法を紹介し、それを用いて第4章のモデルを全要素生産性や減価償却を含む場合に、前章では天下り式に解いた式を、対称性を用いて解いた。また、瞬時的効用関数が線型の場合にも解いた。どちらの場合も、(6.43) (6.60) というように、解が明示的に求まる。線型効用関数の場合には、確率系ハミルトニアンの λ_{11} の項が 0 になることにより、実質的には確定系の場合と同じハミルトニアンになっている。特に瞬時的効用関数が線型の場合には、制御関数、経常価値最適評価関数が共に線型となり取り扱いやすいことが分かる。また、この線型効用関数の性質は後に第10章、第11章で再生産表式の作成の際に用いる。

第7章 確率系モデルの分権経済と社会計画者の最適化

7.1 本章の目的

前章で、全要素生産性や減価償却などを入れた生産関数や、線型効用関数などで確率制御モデルを解いた。しかし、これらは社会計画者の最適化として解いた。第 2 章では、確定系モデルの場合に社会計画者の最適化と分権経済での最適化の解が一致することを示している。では資本財生産にブラウン運動の項を持つ確率系モデルにおいてはこの 2 つの解は一致するであろうか。

7.2 確率系分権経済モデル

前章の (ii) 全要素生産性、減価償却を入れた場合のモデルで考えることにする。

社会には資本財企業、消費財企業の 2 つの企業が存在し、各企業の生産関数は

資本財企業

$$I = BL_1 \tag{7.1}$$

消費財企業

$$Y = AK^\alpha L_2^\beta \tag{7.2}$$

である。$\alpha + \beta = 1$ とする。I は投資財である。減価償却を差し引く前の新規資本財生産と思ってよい。また、L_1, L_2 は労働量であり、総労働量を L として $L_1 + L_2 = L, 0 \leq L_{1t}, L_{2t} \leq L$、を満たす。

生産された投資財からは、減価償却分が差し引かれるとともに、不確実性をもち

$$dK = (I - \delta K)\,dt + \sigma K dB \tag{7.3}$$

と表される。右辺第 2 項にブラウン運動の項が加わっている。これは正にも 0 にも負にもなりうる。

生産関数をみても分かるように、資本財企業がどれだけ投資財を生産するかという生産の決定には不確実性が存在しないが、生産された投資財からなされる新規資本蓄積 dK には不確実性が存在する。

p:資本財価格、R:資本のレンタル率、w:賃金率とする。消費財価格を 1 に基準化している。完全競争を仮定しているので、資本財企業・消費財企業の賃金率は初めから同一としている。なお、$I, K, Y, L_1, L_2, p, R, w, dB$ はいずれも時刻 t の関数なので、添字に t も書くのが正確であるが、煩雑なので省略している。(以下の利潤 π_1, π_2 もそうである。)

各企業は以下の最適化行動を行なう。各時刻 t において、資本財企業は価格・要素価格 $\{p, w\}$ を所与として、投入 L_1 を、単期の利潤 π_1 が最大になるように選択する。

$$\max_{L_1} \pi_1 = \max_{L_1} (pI - wL_1) \tag{7.4}$$

また各時刻 t において消費財企業は、要素価格 $\{R, w\}$ を所与として、投入 K, L_2 を、単期の利潤 π_2 が最大になるように選択する。

$$\max_{K, L_2} \pi_2 = \max_{K, L_2} (Y - RK - wL_2) \tag{7.5}$$

(7.1) (7.4) から

$$\pi_1 = pI - wL_1 = (pB - w) L_1 \tag{7.6}$$

であるが、$pB > w$ ならば無制限に労働が投入され、$pB < w$ ならば労働が投入されない。ここでは、労働が投入される均衡を考える。したがって

$$pB = w \tag{7.7}$$

である。このとき利潤は 0 となる。

(7.5) から、利潤最大化の一階条件より、

$$\frac{\partial \pi_2}{\partial K} = 0 \iff R = \frac{\partial Y}{\partial K} \tag{7.8}$$

$$\frac{\partial \pi_2}{\partial L_2} = 0 \iff w = \frac{\partial Y}{\partial L_2} \tag{7.9}$$

が得られる。生産関数が一次同次であることから、均衡では利潤は 0 になる。(7.8) の右辺の意味は、「資本のレンタル率＝資本の限界 1 単位当たりの消費財生産額」であり、(7.9) の右辺の意味は「賃金率＝労働の限界 1 単位当たりの消費財生産額」である。

ここまでは、確定系モデルの場合と同じである。問題は、資本市場の裁定条件である。利子率を r とする。

p を銀行に預けた場合、微少時間 dt 後の利子は $prdt$ である。一方、p と等価である資本財 1 単位を持っているとすると資本 1 単位からレンタル収入 Rdt だけ得られる。また、(7.3) から、微少時間 dt の間に δdt 単位だけ資本が目減りする。またブラウン運動の項から、σdB 単位だけ資本が増えることになる。もちろん σdB は負の値になることもあり得る。さらに、微少時間 dt の間に資本財価格が dp だけ変化している。

貨幣の形でも資本の形でも、どちらでも同じ収益でなければならないから、本節の確率型モデルでの資本市場の裁定条件は

$$rpdt = Rdt - p\delta dt + p\sigma dB + dp \tag{7.10}$$

となる。よって

$$dp = \{p(r+\delta) - R\} dt - p\sigma dB \tag{7.11}$$

第 2 章の確定系モデルの場合は

$$rp = R - \delta p + \dot{p} \tag{7.12}$$

であった。ちょうどブラウン運動の項のところだけが異なることが分かる。

第 7 章 確率系モデルの分権経済と社会計画者の最適化

次に家計の最適化行動をみる。家計の資産を $a = pK$ とする。伊藤の公式から

$$da = d(pK) = Kdp + pdK + (dp)(dK) \tag{7.13}$$

となる。両辺を $a = pK$ で割って

$$\frac{da}{a} = \frac{dp}{p} + \frac{dK}{K} + \frac{dp}{p}\frac{dK}{K} \tag{7.14}$$

が得られる。$(dp)(dK) = -\sigma^2 pKdt$ であることに注意して、(7.3) (7.11) から

$$\begin{aligned}\frac{da}{a} &= \frac{dp}{p} + \frac{dK}{K} + \frac{dp}{p}\frac{dK}{K} \\ &= \left\{(r+\delta) - \frac{R}{p}\right\}dt - \sigma dB + \left(\frac{I}{K} - \delta\right)dt + \sigma dB - \sigma^2 dt \\ &= \left(r - \sigma^2 - \frac{R}{p} + \frac{I}{K}\right)dt \end{aligned} \tag{7.15}$$

よって

$$da = \left\{\left(r - \sigma^2\right)a - RK + pI\right\}dt \tag{7.16}$$

(7.3) から $pI = wL_1$、(7.4) から $RK = Y - wL_2$ であるから、家計の予算制約式は以下となる。

$$da = \left\{\left(r - \sigma^2\right)a + wL - Y\right\}dt \tag{7.17}$$

確定系モデルの家計の予算制約式 $\dot{a} = ra + wL - Y$ と比較すると、利子率から分散 σ^2 が引かれているところが異なっている。また、予算制約式にはブラウン運動の項がない。資本財生産には不確実性があるが、それを確定系モデルとして表現すると利子率から σ^2 だけ引かれる。要するに、危険資産を安全資産の収益率で表すと利子率−分散となると解釈できる。

家計は期待通時的効用

$$U = E_0\left[\int_0^\infty e^{-\rho t}\log Y dt\right] \tag{7.18}$$

7.2 確率系分権経済モデル

を最大化する。制御変数は Y である。もっとも、(7.17) には確率項がないので、確定系モデルと考えて

$$U = \int_0^\infty e^{-\rho t} \log Y \, dt \tag{7.19}$$

としてもよい。

経常価値ハミルトニアンを

$$H = \log Y + \mu \left\{ \left(r - \sigma^2 \right) a_t + wL - Y \right\} \tag{7.20}$$

とする。

一階条件は

$$\frac{\partial H}{\partial Y} = 0 \iff \frac{1}{Y} = \mu \tag{7.21}$$

$$\frac{\partial H}{\partial a} = \rho\mu - \dot{\mu} \iff \dot{\mu} = \left(\rho - r + \sigma^2 \right) \mu \tag{7.22}$$

となる。$\tilde{\lambda} = p\mu$ とおくと、(7.11)(7.22) から $(dp)(d\mu) = 0$ であることに注意して、伊藤の公式より

$$\begin{aligned}
\frac{d\tilde{\lambda}}{\tilde{\lambda}} &= \frac{dp}{p} + \frac{d\mu}{\mu} + \frac{dp}{p}\frac{d\mu}{\mu} \\
&= \left(r + \delta - \frac{R}{p} \right) dt - \sigma dB + \left(\rho - r + \sigma^2 \right) dt \\
&= \left(\rho + \delta + \sigma^2 - \frac{R}{p} \right) dt - \sigma dB
\end{aligned} \tag{7.23}$$

よって

$$d\tilde{\lambda} = \left(\rho + \delta + \sigma^2 - \frac{\alpha}{K} \right) \tilde{\lambda} dt - \tilde{\lambda}\sigma dB \tag{7.24}$$

となる。ただし $\frac{R}{p}\tilde{\lambda} = R\mu = \frac{\partial Y}{\partial K}\frac{1}{Y} = \frac{\alpha}{K}$ に注意。

ところで、前章 (ii) は、本モデルを社会計画者の最適化として解いたものである。そこでの確率系ハミルトニアンは

$$H = \log Y_t - \lambda_1 (Bu_t L + \delta K_t) + \frac{1}{2}\lambda_{11} \left(\sigma K_t \right)^2 \tag{7.25}$$

93

であった。

$$\frac{\partial H}{\partial K} = \frac{\alpha}{K} - \lambda_1 \delta + \lambda_{11} \sigma^2 K_t$$

となるので、$\lambda_1 = \frac{\partial V}{\partial K} = \frac{1}{\rho K}, \lambda_{11} = \frac{\partial^2 V}{\partial K^2} = -\frac{1}{\rho K^2}$ より $\lambda_{11} \sigma K_t = -\lambda_1 \sigma$ となることを考慮すると、前節 (ii) の随伴方程式は

$$\begin{aligned} d\lambda_1 &= \left(\rho \lambda_1 - \frac{\partial H}{\partial K}\right) dt + \lambda_{11} \sigma K_t d\hat{B} \\ &= \left(\rho + \delta + \sigma^2 - \frac{\alpha}{K}\right) \lambda_1 dt - \lambda_1 \sigma d\hat{B} \end{aligned} \quad (7.26)$$

となる。これは (7.24) と同一の形であり、この確率系 2 部門モデルでも社会計画者の最適化と分権経済の最適化の解が一致することが分かる。ただし、これは $\lambda_{11} \sigma K_t = -\lambda_1 \sigma$ が成り立ったから言えたことである。そもそもこれは瞬時的効用関数が対数関数であることから導かれたのであるから、対数関数でない一般の瞬時的効用関数の場合には成り立たない。つまり、一般には確率系モデルの場合には社会計画者の最適化と分権経済の最適化の解は一致しないことも分かる。

7.3 結語

本章では、確率系モデルで分権経済での最適化を考えた。その結果、確定系モデルの場合よりも収益率が分散の分だけ小さい安全資産で家計が資産運用をしていることになり、社会計画者の解と一致した。ただし、これは瞬時的効用関数が対数であるからであり、一般の瞬時的効用関数の場合には社会計画者の最適化と分権経済での最適化は一致しないことも分かった。これは確定系の場合には考えられなかった、確率系モデルの特色である。

第Ⅲ部

再生産表式への転換と価値・価格問題

第8章 価値・価格の移行動学

8.1 本章の目的

　新古典派最適成長モデルは、マルクス経済学の立場からは再生産表式の一種であると解釈できる。しかし、再生産表式は価値で測られており、またストックでなくフローで表されている。それに対し、最適成長モデルは物量タームの関係式で記述されている。社会計画者の最適化は、分権経済での最適化とも考えられ、それにより価格を求められる。一方で定常状態に限れば技術的投入係数を求めることができ、価値を計算できる。第2章によってマルクス的2部門最適成長モデルにおいて、価値・価格の比較が行なわれた。この分析は定常状態に限定されていた。そこで本章では定常状態への移行経路上で価値・価格の再生産表式をどう扱うべきかを論じる。最初に先行研究である田添・大西 (2011)、金江 (2011b)、森岡 (2011) を簡単に紹介した後、考察する。

　なお本章以降、再生産表式がたびたび登場するが、横に長い場合はレイアウトの都合上2つに分割した。

8.2 基本モデルの価値の移行動学

　田添・大西 (2011) では、資本財生産が労働のみでなされる基本モデルにおいて、価値の移行動学を扱っている。資本財部門が労働のみで生産される基本モデルにおいて成長経路上においても価値の移行動学、すなわち従来のマルクス経済学で議論されていた資本の有機的構成の高度化、利潤率の傾向的低下の法則、第1部門の優先的発展の法則などが最適成長論の

第 8 章 価値・価格の移行動学

枠組みで扱えることを示している。

資本財生産部門 $\dot{K} = B(1-s)L - \delta K$

消費財生産部門 $Y = AK^\alpha (sL)^{1-\alpha}$

生涯効用 $U = \int_0^\infty e^{-\rho t} \log Y \, dt$

δ は減価償却率で、K は資本、L は労働、Y は消費財、ρ は時間選好率で正の値、s は労働 L を生産財と消費財に配分する比率であり 0 以上 1 以下の値である。社会計画者は、労働 L を生産財と消費財の生産に振り分けなければならないが、すべてを消費財生産にまわす（s = 1）と生産財が生産されないし、すべてを資本財生産にまわす（s = 0）と、消費財が生産できないので、適度に振り分けなければならない。それは時間選好率 ρ で決定される。時間選好率 ρ は小さく 0 に近いほど将来をそれほど割り引かず、大きいほど現在を重視することになる。

経常価値ハミルトニアンを

$$H = \log Y + \mu \{B(1-s)L - \delta K\} \tag{8.1}$$

とする。一階条件は

$$\frac{\partial H}{\partial s} = 0 \iff \frac{1-\alpha}{s} = \mu B L \tag{8.2}$$

$$\frac{\partial H}{\partial K} = \rho \mu - \dot{\mu} \iff \frac{\alpha}{K} = (\rho + \delta)\mu - \dot{\mu} \tag{8.3}$$

となる。(8.2) より

$$\frac{\dot{\mu}}{\mu} = -\frac{\dot{s}}{s}, \mu = \frac{1-\alpha}{BLs} \tag{8.4}$$

となる。これを (8.2) に代入して

$$\frac{\alpha}{K} \cdot \frac{BLs}{1-\alpha} = \rho + \delta + \frac{\dot{s}}{s} \tag{8.5}$$

を得て、変形して

$$\frac{\dot{s}}{s} = \frac{BL}{K} \cdot \frac{\alpha}{1-\alpha} s - (\rho + \delta) \tag{8.6}$$

となる。

資本財 1 単位当たりの価値を t_1、消費財 1 単位当たりの価値を t_2 とする。

資本財部門では、労働 $(1-s)L$ を投入して資本 $\dot{K}+\delta K$ を産出するから

$$t_1\left(\dot{K}+\delta K\right)=(1-s)L \tag{8.7}$$

消費財部門では、労働 sL を投入しては消費財 Y を産出するが、その過程で資本は δK だけ減価償却するから

$$t_2 Y = t_1 \delta K + sL \tag{8.8}$$

この 2 式を解くと、

$$t_1 = \frac{(1-s)L}{\dot{K}+\delta K} = \frac{(1-s)L}{B(1-s)L} = \frac{1}{B} \tag{8.9}$$

$$\begin{aligned} t_2 &= \frac{t_1\delta K + sL}{Y} = \frac{\frac{\delta K}{B}+sL}{AK^\alpha(sL)^{1-\alpha}} = \frac{\frac{\delta K}{BsL}+1}{A\left(\frac{K}{sL}\right)^\alpha} \\ &= \frac{\frac{\delta}{B}k_2+1}{Ak_2^\alpha} = \frac{1}{A}\left(\frac{\delta}{B}k_2^{1-\alpha}+k_2^{-\alpha}\right) \end{aligned} \tag{8.10}$$

ただし、消費財生産現場における資本労働比率を $\frac{K}{sL}\equiv k_2$ と置いた。

資本財の価値 t_1 が一定なのは、資本財生産関数が労働投入に関して線型であるから当然である。

$$\frac{dt_2}{dk_2} = \frac{k_2^{-1-\alpha}}{A}\left\{\frac{(1-\alpha)\delta}{B}k_2 - \alpha\right\} \tag{8.11}$$

であるから、消費財の価値 t_2 が最小になるときの k_2 は $\frac{dt_2}{dk_2}=0$ のとき、すなわち

$$\hat{k}_2 = \frac{B\alpha}{(1-\alpha)\delta} \tag{8.12}$$

のときであり、$k_2 < \hat{k}_2$ の範囲では t_2 は k_2 の減少関数である。

第 8 章 価値・価格の移行動学

定常状態での k_2 は (8.6) から

$$k_2^* = \frac{K^*}{s^*L} = \frac{B\alpha}{(\rho+\delta)(1-\alpha)} \tag{8.13}$$

であるから、$k_2^* < \hat{k}_2$ である。初期時点の資本量が定常状態の資本量より少ない ($K_0 < K^*$) と仮定すると、資本蓄積が進むにつれて消費財の価値 t_2 は減少していくが、定常状態での消費財の価値は最小ではない。

このように、資本蓄積経路が明示的に求められなくても、基本モデルでは価値の移行動学の定性的な分析が可能であることが分かる。

8.3 定常状態での価値・価格の再生産表式

金江 (2011b) では、資本財生産が労働のみでなされる基本モデルにおいて、定常状態に限定したうえで簡単な数値例を用いて価値・価格の再生産表式を作成し、剰余価値が負になってしまうという問題点を指摘している。それは以下の通りである。前節と同じモデルで考える。[*1]

資本財生産部門 $\dot{K} = B(1-s)L - \delta K$

消費財生産部門 $Y = AK^\alpha(sL)^{1-\alpha}$

生涯効用 $U = \int_0^\infty e^{-\rho t} \log Y dt$

数値例を計算したいので、$A=1, B=1, \alpha=0.5, \rho=0.02, \delta=0.04, L=1$ としてみる。以下、定常状態に限定して考える。定常状態での値には*をつけることにする。

資本財・消費財価値はどうなるであろうか。資本財、消費財 1 単位当たりの価値を t^*, v^* とすると、資本財部門では労働 $(1-s^*)L$ だけ投下して δK^* だけ生産するので $t^*\delta K^* = (1-s^*)L$ となる。消費財部門では労働 s^*L と資本を用いて生産するが、資本は減価償却分だけ価値が移転するので $v^*Y = t^*\delta K + s^*L$ となる。

可変資本と剰余価値をどう決めるべきであろうか。消費財は労働者が消

[*1] 金江 (2011b) では生涯効用が $U = \int_0^\infty e^{-\rho t} Y dt$ となっているが、論旨には影響しない。

8.3 定常状態での価値・価格の再生産表式

費するので、労働に応じて部門間に比例配分し価値で換算し、剰余価値は生産物価値から不変資本と可変資本の価値を引き算して再生産表式を求める。

	C	V	M	合計
資本財部門	0	$(1-s)vY$	$(1-s^*)(w^*L-Y^*)$	$w^*(1-s^*)L$
消費財部門	$t\delta K$	svY	$Y^*-p^*\delta K^*-s^*Y^*$	Y^*

(8.14)

数値を代入すると定常状態では資本財価値 $t^*=1$、消費財価値 $v^*=\frac{\sqrt{6}}{6}$ となる。

	C	V	M	合計
資本財部門	0	0.4	0	0.4
消費財部門	0.4	0.6	0	1

(8.15)

となる。両部門共に剰余価値が 0 になるのは、定常状態で解を求めたためである。定常状態は資本蓄積が終了した状態で、単純再生産に当たる。そのため、剰余価値は 0 となっている。

次に価格表示の再生産表式を求める。第 2 章と同じくこのモデルは、市場経済モデルとも解せる。消費財価格を 1 に基準化する。資本のレンタル率を R、名目賃金率を w とすると資本財企業の利潤は $p(1-s)L-w(1-s)L$、消費財企業の利潤は $Y-RK-wsL$ となる。これらは各企業の利潤最大化の結果 0 になる。

そのゆえ、この最適化問題を解くと定常状態では近似値で資本財価格 $p^*=\frac{5\sqrt{6}}{6}$、賃金率 $w^*=\frac{5\sqrt{6}}{6}$、レンタル率 $R^*=\frac{\sqrt{6}}{20}$、消費財量 $Y^*=\sqrt{6}$、資本財量 $K^*=10$、$s^*=0.6$ となる。価値の場合と同じように可変資本・剰余価値を決める。

	C	V
資本財部門	0	$(1-s^*)Y^*$
消費財部門	$p^*\delta K^*$	s^*Y^*

M	合計
$(1-s^*)(w^*L-Y^*)$	$w^*(1-s^*)L$
$Y^*-p^*\delta K^*-s^*Y^*$	Y^*

(8.16)

数値を代入すると

	C	V	M	合計
資本財部門	0	$\frac{2\sqrt{6}}{5}$	$-\frac{\sqrt{6}}{15}$	$\frac{\sqrt{6}}{3}$
消費財部門	$\frac{\sqrt{6}}{3}$	$\frac{3\sqrt{6}}{5}$	$\frac{\sqrt{6}}{15}$	$\sqrt{6}$

(8.17)

となる。資本財部門の剰余がマイナスになるという不都合が生じる。限界原理でもとめる価格付けは、マルクス経済学の枠組みと違いがあることが分かる。

また資本財と消費財の相対価値比は $\frac{t^*}{v^*} = \sqrt{6}$、資本財とと消費財の相対価格比は $\frac{p^*}{1} = \frac{5\sqrt{6}}{6}$ となり、価値と価格に乖離が生じていることも分かる。

8.4 森岡による批判

前節の金江 (2011b) の再生産表式はおかしいとの指摘が森岡 (2011) でなされた。まとめると以下のようになる。

可変資本を決めるのに、消費財 Y を $1-s:s$ に振り分けているが、このモデルでは利子が発生しており、定常状態でも利子は 0 でない。利子所得からの消費は可変資本でなく、剰余価値としなければならない。

生産される消費財は $Y^* = \sqrt{6}$ 単位であるが、労働に対して支払われる賃金の合計は $w^* = \frac{5\sqrt{6}}{6}$ であるから、定常状態が成立するためには、さらに消費財 $\frac{\sqrt{6}}{6}$ 単位が消費されなければならない。この消費を行なうのは、資本財所有者である。本モデルでは資本財所有者は家計であり、家計は労働者として 1 単位の労働から消費財を $\frac{5\sqrt{6}}{6}$ 単位受け取ることに加えて、資本財所有者として $K^* = 10$ 単位の資本財のレンタル収入 $R^*K^* = \frac{\sqrt{6}}{2}$ から $\delta K^* = 0.4$ 単位の物的減耗分 $p^*\delta K^* = \frac{\sqrt{6}}{3}$ を差し引いた残り $R^*K^* - p^*\delta K^* = \frac{\sqrt{6}}{6}$ を利子として消費財を $\frac{\sqrt{6}}{6}$ 単位、合計 $\sqrt{6}$ 単位受け取る。

利子所得からの消費を別個に扱うと、資本財所有者を分離して再生産表

式は次のようになる。

	C	V	M	合計
資本財部門	0	$\frac{\sqrt{6}}{3}$	0	$\frac{\sqrt{6}}{3}$
消費財部門	$\frac{\sqrt{6}}{2}$	$\frac{\sqrt{6}}{2}$	0	$\sqrt{6}$
資本財所有者	$-\frac{\sqrt{6}}{6}$	0	$\frac{\sqrt{6}}{6}$	0
合計	$\frac{\sqrt{6}}{3}$	$\frac{5\sqrt{6}}{6}$	$\frac{\sqrt{6}}{6}$	$\frac{4\sqrt{6}}{3}$

(8.18)

ここで、資本財所有者の不変資本欄のマイナスは、資本財所有者が賃貸料と物的減耗費用の差額を純所得として得ていることに対応する。記号で書くならば次のようになる。

	C	V	M	合計
資本財部門	0	$w^*(1-s^*)L$	0	$p^*\delta K^*$
消費財部門	R^*K^*	w^*s^*L	0	Y^*
資本財所有者	$p^*\delta K^* - R^*K^*$	0	$R^*K^* - p^*\delta K^*$	0
合計	$p^*\delta K^*$	w^*L	$R^*K^* - p^*\delta K^*$	$p^*\delta K^* + Y^*$

(8.19)

前節の価格表式における剰余価値の欄は、生産物の価格と費用の差額としての利潤ではなく、したがってそれがマイナスであることは、別に「不思議な現象」ではない。

8.5 結語

田添・大西 (2011) では、基本モデルにおいて定性的に価値の移行動学を分析できることが示されている。金江 (2011b) では、定常状態に限定して価格の再生産表式を作成した。その際、可変資本を価値の場合と同じように消費量を各部門の労働量に応じて割り当てて決めたが、資本財部門の剰余価値が負となる現象が生じた。森岡 (2011) では、それは利子所得か

らの消費が可変資本に入っているために生じた不具合であって、資本財所有者を生産部門から別個に扱って可変資本を賃金からの消費だけにすると不具合は生じないとの指摘がなされた。次章で、最適成長論で価格の再生産表式をどう扱うべきか考える。

第9章 最適成長論における再生産表式

9.1 本章の目的

前章では、最適成長論を再生産表式に書き直す場合、利子所得からの消費と、資本のレンタルの扱い方が問題となった。本章では、森岡 (2011) の指摘にそって、資本財所有者を明示的に分けて考え、再生産表式を再考する。なお、資本財部門を資本財企業、消費財部門を消費財企業と同一視する。

9.2 再生産表式の復習

再生産表式はマルクス経済学では、どのように扱われているか。ここでは小幡 (2009) を参考にして示す。

不変資本を c、可変資本を v、剰余価値を m、総生産物の価値を W とする。また、剰余価値のうち、新規資本蓄積にまわす分を $m(c)$、新規労働雇用にまわす分を $m(v)$、資本家消費分を $m(k)$ とする。部門を添字で表す。

各部門での生産は、以下のようになる。

資本財生産部門

$$W_1 = c_1 + v_1 + m_1 \tag{9.1}$$

剰余価値を分割して

$$m_1 = m_1(c) + m_1(v) + m_1(k) \tag{9.2}$$

消費財生産部門

$$W_2 = c_2 + v_2 + m_2 \tag{9.3}$$

剰余価値を分割して

$$m_2 = m_2(c) + m_2(v) + m_2(k) \tag{9.4}$$

したがって

$$W_1 = c_1 + v_1 + m_1(c) + m_1(v) + m_1(k) \tag{9.5}$$

$$W_2 = c_2 + v_2 + m_2(c) + m_2(v) + m_2(k) \tag{9.6}$$

となる。

$c_1, v_1, m_1(c), m_1(v), m_1(k)$ は資本財、$c_2, v_2, m_2(c), m_2(v), m_2(k)$ は消費財である。

$v_1, m_1(v), m_1(k)$ は消費財と、$c_2, m_2(c)$ は資本財と交換されることによって需給一致の再生産が可能となる。

従って、均衡条件は

$$v_1 + m_1(v) + m_1(k) = c_2 + m_2(c) \tag{9.7}$$

である。これは、単純再生産・拡大再生産・縮小再生産いずれであっても、需給一致を前提するならば成立しなければならない条件である。

$$v_1 + m_1 \geq v_1 + m_1(v) + m_1(k) = c_2 + m_2(c) \geq c_2 \tag{9.8}$$

となるから、$m_1(c) > 0$　または　$m_2(c) > 0$　ならば、拡大再生産の条件 $v_1 + m_1 > c_2$ が成り立つ。

9.3　拡張モデル

2 部門共にコブ・ダグラス型生産関数としたときの再生産表式（第 2 章の拡張モデル）で再生産表式を扱う。

資本財生産部門

$$\dot{K} = A(\phi_1 K)^\alpha (s_1 L)^{1-\alpha} - \delta K \tag{9.9}$$

消費財生産部門

$$Y = B(\phi_2 K)^\beta (s_2 L)^{1-\beta} \tag{9.10}$$

通時的効用

$$U = \int_0^\infty e^{-\rho t} \log Y \, dt \tag{9.11}$$

δ は減価償却率で、K は資本、L は労働、Y は消費財、$0 < \phi_1, \phi_2, s_1, s_2 < 1$、時間選好率 $\rho > 0$ とする。時間選好率 ρ は小さく 0 に近いほど将来をそれほど割り引かず、大きいほど現在を重視することになる。

このモデルは、市場経済モデルとも解せる。消費財価格を 1、資本財価格を p に基準化する。資本のレンタル率を R、名目賃金率を w とすると

資本財企業の利潤

$$\pi_1 = p(\dot{K} + \delta K) - R(\phi_1 K) - w(s_1 L) \tag{9.12}$$

消費財企業の利潤

$$\pi_2 = Y - R(\phi_2 K) - w(s_2 L) \tag{9.13}$$

となる。利潤最大化の結果、利潤は 0 となるので

$$p(\dot{K} + \delta K) = R(\phi_1 K) + w(s_1 L) \tag{9.14}$$

$$Y = R(\phi_2 K) + w(s_2 L) \tag{9.15}$$

が成り立つ。

9.4　価格の再生産表式

C^p, V^p, M^p をそれぞれ価格表示での不変資本、可変資本、剰余価値とする。なお表式中では第 I 部門を I、第 II 部門を II と略記する。

価格で測った再生産表式を、

$$
\begin{array}{|c|c|c|c|c|}
\hline
 & C^p & V^p & M^p & 合計 \\
\hline
\text{I} & C_1^p & V_1^p & M_1^p & p(\dot{K} + \delta K) \\
\hline
\text{II} & C_2^p & V_2^p & M_2^p & Y \\
\hline
\end{array}
\tag{9.16}
$$

と表すことにする。添字の p は、price の意味である。森岡 (2011) の骨子は、利子所得からの消費は剰余価値であって、可変資本ではないという

ことと、生産部門と資本の所有者は区別せよということである。そうすると、不変資本部分は資本のレンタル、可変資本部分は賃金となる。

価格の再生産表式は

	C^p	V^p	M^p	合計
I	$R\phi_1 K$	$ws_1 L$	0	$p(\dot{K}+\delta K)$
II	$R\phi_2 K$	$ws_2 L$	0	Y
合計	RK	wL	0	$p(\dot{K}+\delta K)+Y$

(9.17)

となる。一次同次の生産関数の下では、剰余価値は 0 となる。また、労働者は賃金のみから消費するということである。

9.5 資本財所有者

(i) 資本財所有者が資本財生産企業を所有している場合

資本所有者は企業とは別の存在であって、企業に資本を貸しレンタル収入をもらい、減価償却分をレンタル収入からまかなうとする。

表式に組み込むと

	C^p	V^p	M^p	合計
I	$R\phi_1 K$	$ws_1 L$	0	$p(\dot{K}+\delta K)$
II	$R\phi_2 K$	$ws_2 L$	0	Y
所有者	$p\delta K - RK$	0	$RK-p\delta K$	0
合計	$p\delta K$	wL	$RK-p\delta K$	$p(\dot{K}+\delta K)+Y$

(9.18)

となる。成長経路上、あるいは定常状態では $p\delta K - RK < 0, RK - p\delta K > 0$ である。資本財所有者の不変資本 $p\delta K - RK$ が負である。費用の項目である不変資本が負であることは、レンタル収入 RK から減価償却分の補填費用 $p\delta K$ を差し引いた $RK - p\delta K$ を収入として取得していることを表している。

9.5 資本財所有者

資本財生産企業を所有しているとすると

	C^p	V^p
I+ 所有者	$R\phi_1 K + (p\delta K - RK)$	$ws_1 L$
II	$R\phi_2 K$	$ws_2 L$
合計	$p\delta K$	wL

M^p	合計
$RK - p\delta K$	$p_1(\dot{K} + \delta K)$
0	Y
$RK - p\delta K$	$p_1(\dot{K} + \delta K) + Y$

(9.19)

となる。$m_2(c) = 0$ なので $m_2(c) = m_2(v) = m_2(k) = 0$ である。

また、新規資本蓄積分は $m_1(c) = p\dot{K}$ とするのが自然である。総労働量は L で一定であるが、時間と共に部門間で雇用量は連続的に変化する。微少時間が経過しても雇用量は変わらないので $m_1(v) = 0$ とすると、引き算で

$$m_1(k) = m_1 - m_1(c) - m_1(v)$$
$$= RK - p(\dot{K} + \delta K) \quad (9.20)$$

となる。つまり再生産表式の剰余価値の項目を細分化すると以下になる。

	C^p	V^p
I+ 所有者	$R\phi_1 K + (p\delta K - RK)$	$ws_1 L$
II	$R\psi_2 K$	$ws_2 L$
合計	$p\delta K$	wL

$M^p(c)$	$M^p(v)$	$M^p(k)$	合計
$p\dot{K}$	0	$RK - p(\dot{K} + \delta K)$	$p_1(\dot{K} + \delta K)$
0	0	0	Y
$p\dot{K}$	0	$RK - p(\dot{K} + \delta K)$	$p_1(\dot{K} + \delta K) + Y$

(9.21)

均衡条件

$$v_1 + m_1(v) + m_1(k) = c_2 + m_2(c) \quad (9.22)$$

が成り立っているか調べる。

$$\begin{aligned}
v_1 + m_1(v) + m_1(k) &= ws_1L + RK - p(\dot{K} + \delta K) \\
&= ws_1L + RK - \{R(\phi_1 K) + w(s_1 L)\} \\
&= R\phi_2 K \\
&= c_2 + m_2(c) \\
&(\ = c_2)
\end{aligned} \quad (9.23)$$

となり、各時点で成立している。

また、$m_1(c) = p\dot{K}$ なので定常状態でないかぎりは $m_1(c) > 0$ であり、そのときに限り $v_1 + m_1 > v_1 + m_1(v) + m_1(k)$ となるので、拡大再生産の条件 $v_1 + m_1 > c_2$ が成り立つ。

(ii) 資本財所有者が、各企業を資本量に比例して所有している場合

前節では、資本財所有者は資本財企業のみ所有していると考えたが、そうすると消費財部門の剰余価値が 0 のままである。

本節では、資本財所有者が各企業を、資本量に比例して所有していると考えてみる。

資本財所有者が資本財企業、消費財企業を $\phi_1 : \phi_2$ の比率で所有しているとする。それぞれ所有者 I、所有者 II と表す。

	C^p	V^p
I	$R\phi_1 K$	$ws_1 L$
II	$R\phi_2 K$	$ws_2 L$
所有者 I	$\phi_1 (p\delta K - RK)$	0
所有者 II	$\phi_2 (p\delta K - RK)$	0
合計	$p\delta K$	wL

M^p	合計
0	$p(\dot{K} + \delta K)$
0	Y
$\phi_1 (RK - p\delta K)$	0
$\phi_2 (RK - p\delta K)$	0
$RK - p\delta K$	$p(\dot{K} + \delta K) + Y$

(9.24)

9.5 資本財所有者

よって

	C^p	V^p
I+ 所有者 I	$R\phi_1 K + \phi_1(p\delta K - RK)$	$ws_1 L$
II+ 所有者 II	$R\phi_2 K + \phi_2(p\delta K - RK)$	$ws_2 L$
合計	$p\delta K$	wL

M^p	合計
$\phi_1(RK - p\delta K)$	$p(\dot{K} + \delta K)$
$\phi_2(RK - p\delta K)$	Y
$RK - p\delta K$	$p(\dot{K} + \delta K) + Y$

(9.25)

となる。C^p のところは計算できて、

	C^p	V^p	M^p	合計
I+ 所有者 I	$\phi_1 p\delta K$	$ws_1 L$	$\phi_1(RK - p\delta K)$	$p(\dot{K} + \delta K)$
II+ 所有者 II	$\phi_2 p\delta K$	$ws_2 L$	$\phi_2(RK - p\delta K)$	Y
合計	$p\delta K$	wL	$RK - p\delta K$	$p(\dot{K} + \delta K) + Y$

(9.26)

となる。前節と同じように考えると、$m_1(v) = m_2(v) = 0$ となり、新規資本蓄積分は比例配分して

$m_1(c) = p\phi_1 \dot{K}, m_2(c) = p\phi_2 \dot{K}, m_1(k) = \phi_1\left\{RK - p(\dot{K} + \delta K)\right\}$,
$m_2(k) = \phi_2\left\{RK - p(\dot{K} + \delta K)\right\}$ である。

再生産表式を細分化すると

	C^p	V^p
I+ 所有者 I	$\phi_1 p\delta K$	$ws_1 L$
II+ 所有者 II	$\phi_2 p\delta K$	$ws_2 L$
合計	$p\delta K$	wL

$M^p(c)$	$M^p(v)$	$M^p(k)$	合計
$\phi_1 p\dot{K}$	0	$\phi_1\left\{RK - p(\dot{K} + \delta K)\right\}$	$p(\dot{K} + \delta K)$
$\phi_2 p\dot{K}$	0	$\phi_2\left\{RK - p(\dot{K} + \delta K)\right\}$	Y
$p\dot{K}$	0	$RK - p(\dot{K} + \delta K)$	$p(\dot{K} + \delta K) + Y$

(9.27)

第9章 最適成長論における再生産表式

となる。

均衡条件

$$v_1 + m_1(v) + m_1(k) = c_2 + m_2(c) \tag{9.28}$$

が成り立っているか調べる。

$$\begin{aligned}
v_1 + m_1(v) + m_1(k) &= ws_1L + \phi_1 \left\{ RK - p_1(\dot{K} + \delta K) \right\} \\
&= ws_1L + \phi_1 \left[RK - (R\phi_1 K + ws_1 L) \right] \\
&= ws_1L + \phi_1 \left(R\phi_2 K - ws_1 L \right) \\
&= \phi_1 R\phi_2 K + \phi_2 ws_1 L \\
&= \phi_2 \left(R\phi_1 K + ws_1 L \right)
\end{aligned} \tag{9.29}$$

$$\begin{aligned}
c_2 + m_2(c) &= \phi_2 p \delta K + p \phi_2 \dot{K} \\
&= \phi_2 p(\dot{K} + \delta K) \\
&= \phi_2 \left(R\phi_1 K + ws_1 L \right)
\end{aligned} \tag{9.30}$$

となり、均衡条件 $v_1 + m_1(v) + m_1(k) = c_2 + m_2(c)$ が各時点で成立している。

また、$m_1(c) = p\phi_1 \dot{K}$ なので定常状態でないかぎりは $m_1(c) > 0$ であり、そのときに限り $v_1 + m_1 > v_1 + m_1(v) + m_1(k)$ となるので、拡大再生産の条件 $v_1 + m_1 > c_2$ が成り立つ。

なお、利潤率は

$$\frac{M_1^p}{C_1^p + V_1^p} = \frac{\phi_1 (RK - p\delta K)}{\phi_1 p \delta K + ws_1 L} \tag{9.31}$$

$$= \frac{RK - p\delta K}{p\delta K + w\left(\frac{s_1}{\phi_1}\right) L} \tag{9.32}$$

$$\frac{M_2^p}{C_2^p + V_2^p} = \frac{\phi_2 (RK - p\delta K)}{\phi_2 p \delta K + ws_2 L} \tag{9.33}$$

$$= \frac{RK - p\delta K}{p\delta K + w\left(\frac{s_2}{\phi_2}\right) L} \tag{9.34}$$

となり、一般には部門間で利潤率は異なる。

$\frac{s_1}{\phi_1} = \frac{s_2}{\phi_2}$、すなわち $s_1 : s_2 = \phi_1 : \phi_2$ のときには利潤率が等しくなる。これは、両部門の資本の技術的構成が等しいときには、利潤率が均等化することを意味している。

(iii) 資本所有者が各企業を不比例配分で所有している場合

これまでは、資本所有者が資本財企業のみ、あるいは比例配分して企業を所有している場合を考えた。いずれも均衡条件が成り立っていた。そこで、一般の場合を考えよう。

資本所有者が各企業を、$u_1 : u_2$ の割合で企業を所有しているとする。ただし $u_1 + u_2 = 1, u_1 > 0, u_2 > 0$ とする。

	C^p	V^p	M^p	合計
I	$R\phi_1 K$	$ws_1 L$	0	$p(\dot{K} + \delta K)$
II	$R\phi_2 K$	$ws_2 L$	0	Y
所有者	$p\delta K - RK$	0	$RK - p\delta K$	0
合計	$p\delta K$	wL	$RK - p\delta K$	$p(\dot{K} + \delta K) + Y$

(9.35)

資本財所有者は $u_1 : u_2$ の割合で分布しているので

	C^p	V^p	M^p	合計
I	$R\phi_1 K$	$ws_1 L$	0	$p(\dot{K} + \delta K)$
II	$R\phi_2 K$	$ws_2 L$	0	Y
所有者 I	$u_1 (p\delta K - RK)$	0	$u_1 (RK - p\delta K)$	0
所有者 II	$u_2 (p\delta K - RK)$	0	$u_2 (RK - p\delta K)$	0
合計	$p\delta K$	wL	$RK - p\delta K$	$p(\dot{K} + \delta K) + Y$

(9.36)

第9章 最適成長論における再生産表式

となる。資本財所有者を企業と合算して

	C^p	V^p
I+ 所有者 I	$R\phi_1 K + u_1 (p\delta K - RK)$	$ws_1 L$
II+ 所有者 II	$R\phi_2 K + u_2 (p\delta K - RK)$	$ws_2 L$
合計	$p\delta K$	wL

M^p	合計
$u_1 (RK - p\delta K)$	$p(\dot{K} + \delta K)$
$u_2 (RK - p\delta K)$	Y
$RK - p\delta K$	$p(\dot{K} + \delta K) + Y$

(9.37)

となり、剰余価値の項目を細分化すると

	C^p	V^p
I+ 所有者 I	$R\phi_1 K + u_1 (p\delta K - RK)$	$ws_1 L$
II+ 所有者 II	$R\phi_2 K + u_2 (p\delta K - RK)$	$ws_2 L$
合計	$p\delta K$	wL

$M^p(c)$	$M^p(v)$	$M^p(k)$	合計
$u_1 p\dot{K}$	0	$u_1 \left\{ RK - p(\dot{K} + \delta K) \right\}$	$p(\dot{K} + \delta K)$
$u_2 p\dot{K}$	0	$u_2 \left\{ RK - p(\dot{K} + \delta K) \right\}$	Y
$p\dot{K}$	0	$RK - p(\dot{K} + \delta K)$	$p(\dot{K} + \delta K) + Y$

(9.38)

となる。

均衡条件

$$v_1 + m_1(v) + m_1(k) = c_2 + m_2(c) \tag{9.39}$$

が成り立っているか調べる。

$$\begin{aligned}
v_1 + m_1(v) + m_1(k) &= ws_1 L + u_1 \left\{ RK - p(\dot{K} + \delta K) \right\} \\
&= ws_1 L + u_1 [RK - (R\phi_1 K + ws_1 L)] \\
&= ws_1 L + u_1 (R\phi_2 K - ws_1 L) \\
&= u_1 R\phi_2 K + (1 - u_1) ws_1 L \\
&= u_1 R\phi_2 K + u_2 ws_1 L
\end{aligned} \tag{9.40}$$

9.5 資本財所有者

$$\begin{aligned}
c_2 + m_2(c) &= R\phi_2 K + u_2\left(p\delta K - RK\right) + u_2 p\dot{K} \\
&= R\phi_2 K + u_2\left\{p(\dot{K} + \delta K) - RK\right\} \\
&= R\phi_2 K + u_2\left\{(R\phi_1 K + ws_1 L) - RK\right\} \\
&= R\phi_2 K + u_2\left(ws_1 L - R\phi_2 K\right) \\
&= (1 - u_2)R\phi_2 K + u_2 ws_1 L \\
&= u_1 R\phi_2 K + u_2 ws_1 L \tag{9.41}
\end{aligned}$$

となり、均衡条件 $v_1 + m_1(v) + m_1(k) = c_2 + m_2(c)$ が各時点で成立している。

また、$m_1(c) = u_1 p\dot{K}, m_2(c) = u_2 p\dot{K}$ なので定常状態でないときには $m_1(c) > 0$ または $m_2(c) > 0$ であり、$m_1(c) > 0$ のときは $v_1 + m_1 > v_1 + m_1(v) + m_1(k)$ となり、

$m_2(c) > 0$ のときは $c_2 + m_2(c) > c_2$ となるので、拡大再生産の条件 $v_1 + m_1 > c_2$ が成り立つ。

なお、利潤率は

$$\frac{M_1^p}{C_1^p + V_1^p} = \frac{u_1\left(RK - p\delta K\right)}{R\phi_1 K + u_1\left(p\delta K - RK\right) + ws_1 L} \tag{9.42}$$

$$= \frac{RK - p\delta K}{R\left(\frac{\phi_1}{u_1}\right)K + (p\delta K - RK) + w\left(\frac{s_1}{u_1}\right)L} \tag{9.43}$$

$$\frac{M_2^p}{C_2^p + V_2^p} = \frac{u_2\left(RK - p\delta K\right)}{R\phi_2 K + u_2\left(p\delta K - RK\right) + ws_2 L} \tag{9.44}$$

$$= \frac{RK - p\delta K}{R\left(\frac{\phi_2}{u_2}\right)K + (p\delta K - RK) + w\left(\frac{s_2}{u_2}\right)L} \tag{9.45}$$

となり、一般には部門間で利潤率は異なる。

$\frac{\phi_1}{u_1} = \frac{\phi_2}{u_2}$ かつ $\frac{s_1}{\phi_1} = \frac{s_2}{\phi_2}$、すなわち $u_1 : u_2 = s_1 : s_2 = \phi_1 : \phi_2$ のときには利潤率が等しくなる。これは、各部門の生産に用いられる資本量に応じて資本財所有者が企業を所有していて、両部門の資本の技術的構成が等し

いときには、利潤率が均等化することを意味している。つまり前節の場合である。

9.6 結語

資本財所有者を部門から切り離して別個にあつかった。その結果、一次同次な生産関数のもとでは両部門共に剰余価値が常に0となる。これは拡大再生産のときでさえそうなってしまう。剰余価値は、企業でなく資本財所有者がレンタル費用から減価償却分を控除したものとして定義される。

マルクスの枠組みと合わせるためには、資本財所有者と部門を合算して表式に組み入れる必要がある。しかし、(i) 資本財部門にだけ合算すると、消費財部門の剰余価値の項が0のままである。そこで各企業にそれぞれ合算する場合を扱った。(ii) 各企業を資本量に比例して所有している場合も、(iii) 各企業を不比例配分で所有している場合のどちらも均衡条件は成り立った。

一方で、各部門の生産に用いられる資本量に応じて資本財所有者が企業を所有していて、両部門の資本の技術的構成が等しいときには、利潤率が均等化することから、(ii) のケースを想定するのが自然に思われる。

第10章 最適成長論における労働価値説

10.1 本章の目的

　新古典派最適成長モデルは、マルクス経済学の立場からは再生産表式の一種であると解釈できる。しかし、再生産表式は価値で測られており、またストックでなくフローで表されている。それに対し、最適成長モデルは物量タームの関係式で記述されている。社会計画者の最適化は、分権経済での最適化とも考えられ、それにより価格を求められる。一方で定常状態に限れば技術的投入係数を求めることができ、価値を計算できる。金江 (2008) によってマルクス的2部門最適成長モデルにおいて、価値・価格の比較が行なわれた（第2章で紹介）。金江の分析は定常状態に限定されていたが、田添・大西 (2011) は、資本財部門が労働のみで生産される基本モデルにおいて成長経路上においても価値の移行動学、すなわち従来のマルクス経済学で議論されていた資本の有機的構成の高度化、利潤率の傾向的低下の法則、第1部門の優先的発展の法則などが最適成長論の枠組みで扱えることを示した（第8章で紹介）。

　しかし、最適成長モデルには幾多のモデルがある。それらのモデルで価値の移行動学がどうなっているかはまだ分かっていない。そこで今回は、山下・大西 (2003) で検証された4種類のケースにおいて、価値の移行動学を扱う。その際に労働価値説の問題が生じるので併せて述べる。

第 10 章 最適成長論における労働価値説

10.2 4 種類のモデル

山下・大西 (2003) では、これらは、(i) 消費財の生産関数を AK 型とするか、コブ・ダグラス型とするか (ii) 本源的生産要素を何とするかによって 4 種類のモデルが扱われている。

以下の通りである。

1. 本源的生産要素が労働のみのコブ・ダグラス型モデル（第 I モデル）

$$Y = AK^\alpha (sL)^{1-\alpha} \tag{10.1}$$

$$\dot{K} = B(1-s)L - \delta K \tag{10.2}$$

2. 本源的生産要素が資本と労働のコブ・ダグラス型モデル（第 II モデル）

$$Y = A(\phi K)^\alpha L^{1-\alpha} \tag{10.3}$$

$$\dot{K} = B(1-\phi)K - \delta K \tag{10.4}$$

3. 本源的生産要素が労働のみの AK モデル（第 III モデル）

$$Y = AK \tag{10.5}$$

$$\dot{K} = BL - \delta K \tag{10.6}$$

4. 本源的生産要素が資本のみの AK モデル（第 IV モデル）

$$Y = A\phi K \tag{10.7}$$

$$\dot{K} = B(1-\phi)K - \delta K \tag{10.8}$$

いずれのモデルにおいても、次の通時的効用関数を最大化するように資源配分を行なう。

$$U = \int_0^\infty e^{-\rho t} \log Y \, dt \tag{10.9}$$

ただし、Y, K, s, ϕ は時間の関数であり、$A, B, \delta > 0, 0 \leq s, \phi \leq 1, 0 < \alpha < 1$ で Y は消費財でフロー、K は資本財でストック変数、s, ϕ は制御変

数である。山下・大西 (2003) では、これらのモデルで本源的生産要素が労働のみである第 I, III モデルはいずれ成長が停止するが、本源的生産要素が資本である第 II, IV モデルでは成長が永続することを示している。第 I モデルはすでに Onishi and Tazoe(2011) で扱われているが、他のモデルとの比較のため本章でも簡単に再論する。計算結果自体は山下・大西 (2003) を直接利用することとする。

また、以下では資本財、消費財それぞれの一単位当たりの価値を t_1, t_2 とする。添字の 1, 2 はマルクスにならって第 I 部門（資本財部門）・第 II 部門（消費財部門）を意味している。また、C, V, M はそれぞれ不変資本、可変資本、剰余価値とし、$\sum := C + V + M$ とする。

10.2.1　本源的生産要素が労働のみのコブ・ダグラス型モデル（第 I モデル）

	C	V	M	$\sum$
I	0	$(1-s)t_2Y$	$(1-s)(L-t_2Y)$	$t_1(\dot{K}+\delta K)$
II	$t_1\delta K$	st_2Y	$s(L-t_2Y)$	t_2Y
計	$t_1\delta K$	t_2Y	$L-t_2Y$	$t_1(\dot{K}+\delta K)+t_2Y$
$T\to\infty$	L_1^*	L	0	$L+L_1^*$

(10.10)

ただし、$L_1^* := \frac{\delta\alpha}{\rho(1-\alpha)+\delta}L$ である。田添・大西 (2011) で示されたように、資本の有機的構成は高度化し、利潤率 $\frac{M}{C+V}$ は低下していき 0 に収束し、第 I 部門の優先的発展は生じない。

10.2.2　本源的生産要素が資本と労働のコブ・ダグラス型モデル（第 II モデル）

このモデルでは定常状態において成長が持続し、

$$\phi = \frac{\rho}{B}, \frac{\dot{K}}{K} = B - \rho - \delta, \frac{\dot{Y}}{Y} = B - \rho - \delta \tag{10.11}$$

となる。

第10章 最適成長論における労働価値説

資本財は資本のみで生産されるので V_1, M_1 共に0であるので、再生産表式は次のようになる。

$$
\begin{array}{|c|c|c|c|c|}
\hline
 & C & V & M & \sum \\
\hline
\text{I} & t_1\delta(1-\phi)K & 0 & 0 & t_1(\dot{K}+\delta K) \\
\hline
\text{II} & t_1\delta\phi K & t_2 Y & L-t_2 Y & t_2 Y \\
\hline
\text{計} & t_1\delta K & 0 & 0 & t_1(\dot{K}+\delta K)+t_2 Y \\
\hline
\end{array}
\tag{10.12}
$$

第I部門からは

$$t_1\delta(1-\phi)K = t_1(\dot{K}+\delta K) \tag{10.13}$$

となるが、(10.4) より

$$t_1\delta(1-\phi)K = t_1 B(1-\phi)K \tag{10.14}$$

となる。一般には $B \neq \delta$ なので $t_1 = 0$ でなければならない。これは、資本財生産に労働が全く用いられていないことからも自然な結果である。

その結果、第II部門の式から

$$t_2 = \frac{L}{Y} = A\left(\frac{B}{\rho}\frac{L}{K}\right)^\alpha \downarrow 0 \tag{10.15}$$

となる。結果的には、再生産表式は

$$
\begin{array}{|c|c|c|c|c|}
\hline
 & C & V & M & \sum \\
\hline
\text{I} & 0 & 0 & 0 & 0 \\
\hline
\text{II} & 0 & L & 0 & L \\
\hline
\text{計} & 0 & L & 0 & L \\
\hline
T \to \infty & 0 & L & 0 & L \\
\hline
\end{array}
\tag{10.16}
$$

となる。経済は (10.11) のように資本財・消費財共に永久に成長し続けるが、剰余労働・搾取は0となる。資本の有機的構成は常に一定であり、利潤率 $\frac{M}{C+V}$ は常に0、第I部門の優先的発展も生じない。

10.2.3 本源的生産要素が労働のみの AK モデル（第 III モデル）

このモデルでは、資本蓄積経路が明示的に求まる。

$$K(t) = (K_0 - \frac{BL}{\delta})e^{-\rho t} + \frac{BL}{\delta} \uparrow \frac{BL}{\delta} \tag{10.17}$$

となる。

第 I 部門は労働のみ、第 II 部門は資本のみ投入されるので、再生産表式は

$$\begin{array}{|c|c|c|c|c|}
\hline
 & C & V & M & \sum \\
\hline
\text{I} & 0 & L & 0 & t_1(\dot{K} + \delta K) \\
\hline
\text{II} & t_1 \delta K & 0 & 0 & t_2 Y \\
\hline
\text{計} & t_1 \delta K & L & 0 & t_1(\dot{K} + \delta K) + t_2 Y \\
\hline
T \to \infty & L & L & 0 & 2L \\
\hline
\end{array} \tag{10.18}$$

$$L = t_1(\dot{K} + \delta K) \tag{10.19}$$

$$t_1 \delta K = t_2 Y \tag{10.20}$$

と (10.6) から

$$t_1 = \frac{1}{B}, t_2 = \frac{\delta}{AB} \tag{10.21}$$

であり、資本財・消費財の価値が共に各時点で一定となる。これは、生産関数が両部門共に線型だからである。

10.2.4 本源的生産要素が資本のみの AK モデル（第 IV モデル）

このモデルでは定常状態において成長が持続し、

$$\phi = \frac{\rho}{B}, \frac{\dot{K}}{K} = \frac{\dot{Y}}{Y} = B - \rho - \delta \tag{10.22}$$

第 10 章　最適成長論における労働価値説

	C	V	M	$\sum$
I	$t_1\delta(1-\phi)K$	0	0	$t_1(\dot{K}+\delta K)$
II	$t_1\delta\phi K$	0	0	$t_2 Y$
計	$t_1\delta K$	0	0	$t_1(\dot{K}+\delta K)+t_2 Y$

(10.23)

第 II モデルのときと同様に、$t_1=0, t_2=0$ でなければならない。したがって、再生産表式は

	C	V	M	$\sum$
I	0	0	0	0
II	0	0	0	0
計	0	0	0	0
$T\to\infty$	0	0	0	0

(10.24)

となり、すべて 0 となってしまう。第 IV モデルでは両部門において生産に労働が全く用いられていないので、財の価値が 0 になってしまう。剰余労働が 0 のまま経済は成長し続ける。

10.3　結語

前節において、本源的生産要素に資本が含まれている第 II, 第 IV モデルの場合には、価値が 0 になったり、剰余労働が存在しないのに経済が成長し続けるなどの奇妙なことが起こった。そこで、最適成長論において労働価値説をどう考えるべきであろうか。

労働価値説という言葉が意味するものは、様々である。広い意味では、労働を中心に経済を観る学説と理解されている。

例えば置塩 (1993)pp.83 では「労働価値説は、経済諸現象の分析にあたって、（イ）生産＝労働を基底にすえて行なうこと、（ロ）その社会がどのような性格をもった社会であるかによって、特殊な形態が生じること」とある。また、大西・山下らは、本源的生産要素が労働のみのモデルを多数扱っているが、これも広い意味で労働価値説といえよう。

しかし、狭い意味での労働価値説とは、価格が投下労働量によって決定されるという理論である。もっとも、リカードと違い、マルクスの場合は

価格がいかにして価値からずれるか（生産価格・市場価格論）という点では、価格と価値が乖離することを含めて労働価値説としているといえよう。これは図式化すれば、価値＝価格というよりは、価値 → 価格というように、価値が価格やその変動を規制する学説と理解できる。

伊藤誠 (1989)pp.65 では「価格をつうずる労働実体の交換は、不当量となりうるが、不等性は通常、剰余労働の産業間における再配分の範囲にとどまることになろう。いいかえれば価値の形態としての価格の基準は、そうした剰余労働の不等交換の余地をともないながら、価値の実体としての投下労働量に規定され、とくにそのうち $C+V$ 部分を補填せしめるものでなければならない」とある。宇野派のいう労働価値説とは、この狭い意味を意味している。

山口重克 (1985) では、価格変動の重心が価値であることを数値例・モデルで示しており、剰余労働が 0 の場合には価値が価格に一致することを説明している。置塩・中谷（1992）、置塩 (2004) では、この狭い意味での労働価値説を多部門で数学的に厳密に証明している。

これらを踏まえた上で最適成長モデルにおいて労働価値説をどう考えるべきであろうか。

2 章では、資本財・消費財両部門共にコブ・ダグラス型のときに、定常状態における価値と価格の乖離は、時間選好率 ρ の増加関数となっている。つまり、$\rho \to 0$ ならば価格 → 価値となることが示されている。実は上の第 I モデルでも同じことが成り立つ。定常状態では剰余労働は 0 であるが、価値と価格は一致しておらず、時間選好率によってずれが生じる。しかし、時間選好率が 0 に近いほど価値と価格の乖離は小さくなる。価格が投下労働量だけでなく、時間選好率にも影響を受けているが、投下労働量によっても規定されていることには違いないので、狭い意味での労働価値説を少し広げて考えて、ここでは $\rho \to 0$ のとき価値と価格の乖離がなくなるならば、労働価値説が（近似的に）成り立っていると考えることにしよう。

しかし、第 II、第 IV モデルでは、この意味での労働価値説も成り立っていない。これは、労働が投入されずに資本が生産されることから生じて

第 10 章 最適成長論における労働価値説

いる。これはマルクスの枠組みとは異なるから扱わないというのも一つの立場であるが、労働価値説を首尾一貫させるとどうなるであろうか。

ここで参考になり得るのは、(i) 人的資本 (ii) 一般化された商品の搾取定理 である。

(i)Barro,R.J. and Sala-i-Martin,X.(2004) では、AK モデルにおける資本は、物的資本に限ると成り立たないが、人的資本も含めた広義の資本と考えると正当化されうると述べてある。これが正しいならば、前節で資本をすべて不変資本としてしかカウントするのではなく、人的資本部分は労働投入と考え V, M の部分に一部カウントしなければならない。

(ii) ボールズ・ギンタスの一般化された商品の搾取定理とは、簡単に言えば、労働でなくても任意の財をニュメレールにとってマルクスの基本定理が成り立つという定理である。例えば、石油や水をニュメレールにとれば、投下石油価値説、投下水価値説を考えられるというものである。これを参考にすれば、前節の第 II、第 IV モデルでは資本をニュメレールにとった価値を考えることができる。本章のモデルの場合に資本をニュメレール（基準となる財）にとるとは、言い換えるならば資本をすべて人的資本であると考えているともいえる。

上記 2 つの解釈共に人的資本と関わりがある。本章のモデルで本源的生産要素が労働のみでない場合には、価値が 0 の商品が出るという不思議な結果が成り立ったが、その検討の結果、人的資本を投下労働価値説に組み込まなければならないことが示唆された。熟練労働・未熟練労働の問題も含むと思われ、この場合の労働価値説がどうなるかは今後の研究対象としたい。

第11章 マルクス派最適成長論と価値・価格問題
——線型効用・基本モデルの場合

11.1 本章の目的

　第2章の資本財部門にも資本と労働が用いられるモデルで、定常状態において価値・価格問題を扱えることを示した。もちろん、資本財部門において労働のみが用いられる山下・大西 (2003) のモデル（以下、基本モデルとよぶ）においても価値・価格問題を扱える。大西・田添 (2011) では、基本モデルの下で明示的な解は求めずに、定性的な扱いをした。山下 (2005) では、離散モデルにおいて、瞬時的効用関数を線型とした場合には定常状態に到達するまでの途中の経路 (s,K など) が明示的に求められることを用いている。そこで、今回は基本モデルを線型効用の下で考え、価値・価格問題を明示解を用いて取り扱う。再生産表式は第9章の、資本財所有者を各部門の資本量に応じて合算する方法で作成する。

11.2 線型効用モデルの特徴

通時的効用

$$U = \int_0^\infty End Expansion e^{-\rho t} Y dt \tag{11.1}$$

消費財生産部門

$$Y = AK^\alpha (sL)^{1-\alpha} (\equiv Y(K, sL)) \tag{11.2}$$

資本財生産部門

$$I = B(1-s)L \tag{11.3}$$

第 11 章　マルクス派最適成長論と価値・価格問題 – 線型効用・基本モデルの場合

$$\dot{K} = I - \delta K \tag{11.4}$$

とする。また、初期資本量は十分小さいと仮定する。効用関数が対数でなく線型となっていることに注意。こうすることで、対数効用では無理だった成長経路上の解が具体的に求まるようになる。

経常価値ハミルトニアンを

$$H = Y + \lambda \{B(1-s)L - \delta K\} \tag{11.5}$$

とする。一階条件は

$$\frac{\partial H}{\partial s} = 0 \iff (1-\alpha)A\left(\frac{K}{sL}\right)^{\alpha} = \lambda B \tag{11.6}$$

$$\frac{\partial H}{\partial K} = \rho\lambda - \dot{\lambda} \iff \alpha A\left(\frac{K}{sL}\right)^{\alpha-1} = (\rho+\delta)\lambda - \dot{\lambda} \tag{11.7}$$

横断性条件は

$$\lim_{t\to\infty} e^{-\rho t} \lambda K = 0 \tag{11.8}$$

(11.6) から

$$\frac{K}{sL} = \left\{\frac{\lambda B}{(1-\alpha)A}\right\}^{\frac{1}{\alpha}} \tag{11.9}$$

これを (11.7) に代入して

$$\alpha A \left\{\frac{\lambda B}{(1-\alpha)A}\right\}^{\frac{\alpha-1}{\alpha}} = (\rho+\delta)\lambda - \dot{\lambda} \tag{11.10}$$

変形して

$$\dot{\lambda} = (\rho+\delta)\lambda - \alpha A \left\{\frac{B}{(1-\alpha)A}\right\}^{\frac{\alpha-1}{\alpha}} \lambda^{\frac{\alpha-1}{\alpha}} \tag{11.11}$$

上式の右辺を $f(\lambda)$ とおくと、

$$f'(\lambda) = (\rho+\delta) + A(1-\alpha)\left\{\frac{B}{(1-\alpha)A}\right\}^{\frac{\alpha-1}{\alpha}} \lambda^{-\frac{1}{\alpha}} \tag{11.12}$$

11.2 線型効用モデルの特徴

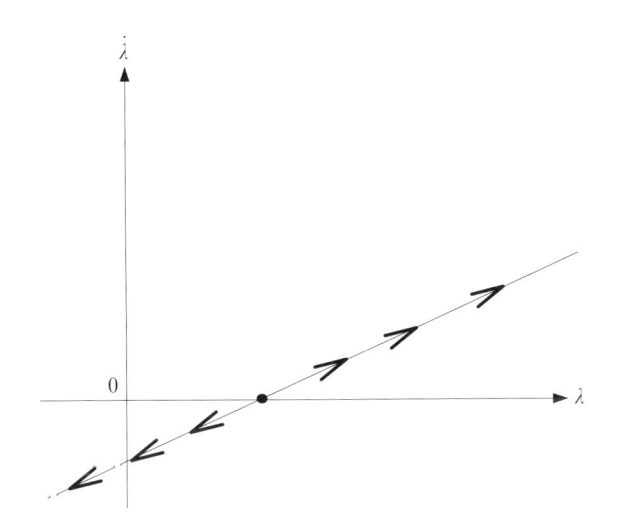

$0 < \alpha < 1$ であり、$\lambda > 0$ を前提にすると $f'(\lambda) > 0$ であるから、$\dot{\lambda}$ のグラフは λ 軸との交点は不安定である。

横断性条件 (11.8) より右上に行く経路は不適で、$K, s \geq 0$ より、左下に行く経路は不安定。すなわち、λ は常に一定。シャドウプライス（効用単位で測った資本財の経常価格）が時点によらず常に一定というのは強い結論である。

さて、この時点によらず一定の λ は、(11.7) より

$$\lambda = \frac{\alpha A}{\rho + \delta} \left(\frac{K}{sL}\right)^{\alpha-1} \tag{11.13}$$

であることから、消費財生産現場における資本労働比率 $\frac{K}{sL}$ は時点を問わず一定である。また、このことから

消費財生産現場での

資本労働比率

$$\frac{K}{sL} = \frac{B\alpha}{(\rho+\delta)(1-\alpha)} \tag{11.14}$$

第 11 章　マルクス派最適成長論と価値・価格問題 − 線型効用・基本モデルの場合

消費労働比率

$$\frac{Y}{sL} = A\left(\frac{K}{sL}\right)^{\alpha} = A\left\{\frac{B\alpha}{(\rho+\delta)(1-\alpha)}\right\}^{\alpha} \tag{11.15}$$

消費資本比率

$$\frac{Y}{K} = A\left(\frac{K}{sL}\right)^{\alpha-1} = A\left\{\frac{(\rho+\delta)(1-\alpha)}{B\alpha}\right\}^{1-\alpha} \tag{11.16}$$

資本の限界生産性

$$Y_K = \alpha A\left(\frac{K}{sL}\right)^{\alpha-1} = \alpha A\left\{\frac{(\rho+\delta)(1-\alpha)}{B\alpha}\right\}^{1-\alpha} \tag{11.17}$$

労働の限界生産性

$$Y_L = (1-\alpha)A\left(\frac{K}{sL}\right)^{\alpha} = (1-\alpha)A\left\{\frac{B\alpha}{(\rho+\delta)(1-\alpha)}\right\}^{\alpha} \tag{11.18}$$

は各時点で一定である。ただし、$Y_L = Y_2(K, sL)$ と略記している。

定常値での K, s はそれぞれ

$$K^* = \frac{B\alpha L}{\rho(1-\alpha)+\delta} \tag{11.19}$$

$$s^* = \frac{(\rho+\delta)(1-\alpha)}{\rho(1-\alpha)+\delta} \tag{11.20}$$

であり、

$$\frac{K}{sL} = \frac{K^*}{s^*L} \tag{11.21}$$

であるから、この式に (11.19)(11.20) を代入すると、各時点での最適制御関数 s が K の関数として求まる。

$$s = \frac{(\rho+\delta)(1-\alpha)}{B\alpha L}K \tag{11.22}$$

128

11.3 価値の再生産表式

さて、以上を元にして価値・価格問題を考えよう。本節では価値を扱う。C, V, M をそれぞれ不変資本、可変資本、剰余価値とする。

価値で測った再生産表式は、資本財 1 単位当たりの価値を t_1、消費財 1 単位当たりの価値を t_2 とおくと

	C	V	M	合計
第 I 部門	C_1	V_1	M_1	$t_1(\dot{K}+\delta K)$
第 II 部門	C_2	V_2	M_2	$t_2 Y$

(11.23)

となる。

このうち、現段階で求まっているものを書くと

	C	$V+M$	合計
第 I 部門	0	$(1-s)L$	$t_1(\dot{K}+\delta K)$
第 II 部門	$t_1 \delta K$	sL	$t_2 Y$

(11.24)

である。よって

$$(1-s)L = t_1(\dot{K}+\delta K) \tag{11.25}$$

$$t_1 \delta K + sL = t_2 Y \tag{11.26}$$

(11.3)(11.22) より

$$t_1 = \frac{1}{B} \tag{11.27}$$

$$t_2 = \frac{\rho(1-\alpha)+\delta}{B\alpha}\frac{K}{Y} \tag{11.28}$$

t_1 は各時点一定であるが、(11.16) より t_2 も各時点で一定である。ただし、消費財の価値である t_2 が時間選好率 ρ の単調増加関数になっている。これはマルクスには無い観点で、生産物に対象化される投下労働量も、生産の際に異時点間の最適化を行なうため、時間選好に影響され得ることを示している。

また、

$$\rho \downarrow 0 \implies t_2 \downarrow \frac{\delta}{B\alpha}\frac{K}{Y} \tag{11.29}$$

であるから、消費財の価値の最小値は時間選好率が 0 に近づくときの極限値である。

さて $V + M$ の分割が分からないが、大西・田添 (2011) に従い、生産された消費財の価値 $t_2 Y$ が労働量に応じて配分されると仮定する。自然な仮定である。

すなわち、

$$V_1 = (1-s)t_2 Y \tag{11.30}$$
$$V_2 = s t_2 Y \tag{11.31}$$

とすると、$M_1 = (V_1 + M_1) - V_1$ より

$$M_1 = (1-s)(L - t_2 Y) \tag{11.32}$$

同様に

$$M_2 = s(L - t_2 Y) \tag{11.33}$$

となる。よって再生産表式は次のようになる。

	C	V	M	合計
第 I 部門	0	$(1-s)t_2 Y$	$(1-s)(L - t_2 Y)$	$t_1(\dot{K} + \delta K)$
第 II 部門	$t_1 \delta K$	$s t_2 Y$	$s(L - t_2 Y)$	$t_2 Y$
合計	$t_1 \delta K$	$t_2 Y$	$L - t_2 Y$	$t_1 \delta K + L$

(11.34)

資本の有機的構成は

$$\frac{C}{V} = \frac{t_1 \delta K}{t_2 Y} \tag{11.35}$$

となり、(11.16)(11.27)(11.28) より通時的に一定である。

11.3 価値の再生産表式

剰余労働 $M_1, M_2 \geq 0$ であるかどうか調べよう。(11.28)(11.19) より

$$t_2 Y = \frac{\rho(1-\alpha)+\delta}{B\alpha} K \uparrow \frac{\rho(1-\alpha)+\delta}{B\alpha} K^*$$
$$= \frac{\rho(1-\alpha)+\delta}{B\alpha} \frac{B\alpha L}{\rho(1-\alpha)+\delta} = L \tag{11.36}$$

となるので、成立する。

搾取率 e がどうなっているか調べよう。

第一部門の搾取率は

$$e_1 = \frac{M_1}{V_1} = \frac{L}{t_2 Y} - 1 \downarrow 0 \tag{11.37}$$

第二部門の搾取率は

$$e_2 = \frac{M_2}{V_2} = \frac{L}{t_2 Y} - 1 \downarrow 0 \tag{11.38}$$

となるので、各時点で各部門の搾取率は一致する。t_2 は一定値であるが Y は通時的に増加するので、搾取率は時間の減少関数であり、0 に収束する。

価値で測った利潤率は

$$\frac{M_1}{C_1+V_1} = e_1 \downarrow 0 \tag{11.39}$$

$$\frac{M_2}{C_2+V_2} = \frac{s(L-t_2Y)}{t_1\delta K + st_2 Y} = \frac{e_2}{\frac{t_1\delta K}{st_2 Y}+1} \downarrow 0 \tag{11.40}$$

となる。部門間で利潤率は異なるが、両部門共に単調に減少し 0 に収束する。

経済全体での価値で測った利潤率は

$$\frac{M}{C+V} = \frac{L-t_2 Y}{t_1 \delta K + t_2 Y} = \frac{e_2}{\frac{t_1 \delta K}{t_2 Y}+1} \downarrow 0 \tag{11.41}$$

また、第 I 部門の総価値の第 II 部門の総価値に対する比率は

$$\frac{C_1+V_1+M_1}{C_2+V_2+M_2} = \frac{t_1(\dot{K}+\delta K)}{t_2 Y} = \frac{t_1 \dot{K}}{t_2 Y} + \frac{t_1 \delta K}{t_2 Y} \downarrow \frac{t_1 \delta K}{t_2 Y}(=一定) \tag{11.42}$$

となる。単調に減少し、定常状態では一定値である。よって、第 I 部門が優先的に発展するといった事態は生じない。むしろ逆に、第 II 部門の方が優先的に発展していることが分かる。[*1]

11.4 価格の再生産表式

本節では価格を扱う。以下の記述は第 2 章を参照している。市場均衡を扱うため、第 2 節を形式上少し変更する。

経済には資本財企業・消費財企業の 2 種類が存在する。各企業の生産関数を

資本財生産企業

$$I = BL_1 \tag{11.43}$$

$$\dot{K} = I - \delta K \tag{11.44}$$

消費財生産企業

$$Y = AK^\alpha L_2^{1-\alpha} \tag{11.45}$$

とし、資源制約を

労働供給

$$L_1 + L_2 = L \tag{11.46}$$

とする。

家計の単期ごとの効用は $\log C$ であり、通時的効用は単期ごとの効用の割引価値の総和（積分）である。

$$U = \int_0^\infty e^{-\rho t} Y \, dt \tag{11.47}$$

[*1] レーニンは、資本の有機的構成が高度化する場合に第 I 部門が第 II 部門に比べ成長すると考えていたので、資本の有機的構成が一定の本モデルでは、レーニンの第 I 部門の優先的発展の法則が成り立たなくても矛盾しない。ただし、大西・田添 (2011) では、効用関数が対数効用の最適成長モデルにおいて、資本の有機的構成が高度化し、なおかつ第 I 部門が優先的に発展しない、すなわちレーニンの第 I 部門の優先的発展の法則が成り立たないことを示している。

11.4 価格の再生産表式

ここで Y:消費財 I:投資財 K:資本財 L:労働（定数） $\delta > 0$:減価償却率 $\rho > 0$:時間選好率（定数）であり、$\dot{K}$ は時間微分を表す。また、$0 \leq L_1, L_2 \leq L$ である。家計は通時的効用を最大化するように行動する。

p:資本財価格、R:資本のレンタル率、w:賃金率とする。消費財価格を 1 に基準化している。

各企業は以下の最適化行動を行なう。各時刻 t において、資本財企業は価格・要素価格 $\{p(t), w(t)\}$ を所与として、投入 $L_1(t)$ を、単期の利潤 $\pi_1(t)$ が最大になるように選択する。

$$\max_{L_1(t)} \pi_1(t) = \max_{L_1(t)} \{p(t)I(t) - w(t)L_1(t)\}$$
$$= \max_{L_1(t)} \{p(t)B - w(t)\}L_1(t) \tag{11.48}$$

$pB > w$ ならば無限に L_1 を投入することになり、$pB < w$ なら資本財生産が行なわれない。ここではこのような均衡は扱わないことにする。

すなわち、

$$pB = w \tag{11.49}$$

とする。また各時刻 t において消費財企業は、要素価格 $\{R(t), w(t)\}$ を所与として、投入 $K_2(t), L_2(t)$ を、単期の利潤 $\pi_2(t)$ が最大になるように選択する。

$$\max_{K(t), L_2(t)} \pi_2(t) = \max_{K(t), L_2(t)} \{Y(t) - R(t)K(t) - w(t)L_2(t)\} \tag{11.50}$$

ここでは簡単のため、両企業共に投資の調整費用を考えていない。

単期の利潤最大化の一階条件より、

$$\frac{\partial \pi_2}{\partial K} = 0 \iff Y_K = R \tag{11.51}$$

$$\frac{\partial \pi_2}{\partial L_2} = 0 \iff Y_{L_2} = w \tag{11.52}$$

が得られる。生産関数が一次同次であることから、均衡では両企業共に利潤は 0 になることが分かる。(11.51) の右辺の意味は、「資本の限界 1 単

第 11 章　マルクス派最適成長論と価値・価格問題 – 線型効用・基本モデルの場合

位当たりの消費財生産額 = 資本のレンタル率」であり、(11.52) の右辺の意味は「労働の限界 1 単位当たりの消費財生産額 = 賃金率」である。

　資本市場の裁定条件は、以下のようになる。p を銀行に預けた場合の利子は rp であり、p で資本財を買った場合は、資本を貸すことによる収入 R と、キャピタルゲインまたはキャピタルロス $\dot{p}$ を得る。また、減価償却は δ だが、これは価格では δp なので、

$$rp = R - \delta p + \dot{p} \tag{11.53}$$

が成り立つ。

　第 2 章にあるように、本モデルでは外部性が無いため、社会計画者の最適解と分権経済の最適解は一致する。よって $L_1 = sL, L_2 = (1-s)L$ とおくと、第 2 節の結果はそのまま成り立つ。すなわち消費財生産現場での資本労働比率、消費労働比率、資本の限界生産性、労働の限界生産性、消費資本比率は各時点で一定である。

　また、(11.51) (11.52) からレンタル率 R、賃金率 w は

$$R = Y_K = \alpha A \left\{ \frac{(\rho + \delta)(1-\alpha)}{B\alpha} \right\}^{1-\alpha} \tag{11.54}$$

$$w = Y_{L_2} = A(1-\alpha)^{1-\alpha} \left(\frac{B\alpha}{\rho + \delta} \right)^{\alpha} \tag{11.55}$$

このことと (11.49) から資本財価格は

$$p = \frac{w}{B} = A \left(\frac{1-\alpha}{B} \right)^{1-\alpha} \left\{ \frac{\alpha}{(\rho + \delta)} \right\}^{\alpha} \tag{11.56}$$

よって (11.53) から利子率は

$$r = \frac{R}{p} - \delta + \frac{\dot{p}}{p} = \rho \tag{11.57}$$

これらは各時点で一定である。線型効用モデルでは、主要な変数がすべて各時点で一定となるという著しい性質があることが分かる。特に、利子率 r は各時点で時間選好率に等しい。

11.4 価格の再生産表式

また、資本レンタルと賃金率の比 $\frac{R}{w}$ と資本財価格の賃金率に対する比（資本財 1 単位の支配労働量）$\frac{p}{w}\left(=\frac{1}{B}\right)$ は各時点で一定である。

C^p, V^p, M^p をそれぞれ価格表示での不変資本、可変資本、剰余価値とする。

価格で測った再生産表式を、

	C^p	V^p	M^p	合計
第 I 部門	C_1^p	V_1^p	M_1^p	$p(\dot{K}+\delta K)$
第 II 部門	C_2^p	V_2^p	M_2^p	Y

(11.58)

と表すことにする。添字の p は、price の意味である。第 9 章のようにして資本財所有者を別個に扱い再生産表式を作成する。

	C^p	V^p	M^p	合計
第 I 部門	0	$w(1-s)L$	0	$p(\dot{K}+\delta K)$
第 II 部門	RK	wsL	0	Y
所有者	$p\delta K - RK$	0	$RK - p\delta K$	0
合計	$p\delta K$	wL	$RK - p\delta K$	$p(\dot{K}+\delta K)+Y$

(11.59)

資本は消費財部門でしか使われていないため、資本財所有者を第 II 部門にのみ合算して

	C^p	V^p	M^p	合計
第 I 部門	0	$w(1-s)L$	0	$p(\dot{K}+\delta K)$
第 II 部門 + 所有者	$p\delta K$	wsL	$RK - p\delta K$	Y
合計	$p\delta K$	wL	$RK - p\delta K$	$p(\dot{K}+\delta K)+Y$

(11.60)

となる。

資本の有機的構成は

$$\frac{C^p}{V^p} = \frac{p\delta K}{wL} = \frac{p}{w}\frac{\delta}{L}K \uparrow \frac{p}{w}\frac{\delta}{L}K^* \tag{11.61}$$

第11章　マルクス派最適成長論と価値・価格問題 – 線型効用・基本モデルの場合

となり、通時的に増加する。

剰余労働は

$$M_1^p = 0 \tag{11.62}$$

$$M_2^p = (R - p\delta)K \uparrow (R - p\delta)K^* \tag{11.63}$$

となる。R, p は (11.54)(11.56) より一定であることから、第 II 部門の剰余価値は資本量に比例して通時的に増加する。

搾取率 e がどうなっているか調べよう。

第 I 部門の搾取率は

$$e_1^p = \frac{M_1^p}{V_1^p} = 0 \tag{11.64}$$

第 II 部門の搾取率は

$$e_2^p = \frac{M_2^p}{V_2^p} = \frac{RK - p\delta K}{wsL} = \frac{R - p\delta}{w}\frac{K}{sL} = 一定 \tag{11.65}$$

となるので、各時点で各部門の搾取率は一定であり、第 II 部門でのみ搾取が発生している。

経済全体での搾取率は

$$e^p = \frac{M^p}{V^p} = \frac{RK - p\delta K}{wL} = se_2^p = \frac{\rho}{BL}K \uparrow \frac{\rho}{BL}K^* \tag{11.66}$$

となり、通時的に増加している。

利潤率は

$$\frac{M_1^p}{C_1^p + V_1^p} = 0 \tag{11.67}$$

$$\frac{M_2^p}{C_2^p + V_2^p} = \frac{RK - p\delta K}{p\delta K + wsL} = \frac{\frac{R}{w}\frac{K}{sL} - \frac{p}{w}\delta\frac{K}{sL}}{\frac{p}{w}\delta\frac{K}{sL} + 1}(= 一定) \tag{11.68}$$

となる。各時点で各部門の利潤率は一定であり、部門間で利潤率は異なる。第 I 部門では利潤率は 0 である。

経済全体での利潤率は

$$\frac{M^p}{C^p+V^p} = \frac{RK-p\delta K}{p\delta K + wL} = \frac{\frac{R}{w}-\frac{p}{w}\delta}{\frac{p}{w}\delta + \frac{L}{K}} \uparrow \frac{\frac{R}{w}-\frac{p}{w}\delta}{\frac{p}{w}\delta + \frac{L}{K^*}} \tag{11.69}$$

となり、通時的に増加している。

また、第 I 部門の総価格の第 II 部門の総価格に対する比率は

$$\frac{C_1^p+V_1^p+M_1^p}{C_2^p+V_2^p+M_2^p} = \frac{p(\dot{K}+\delta K)}{Y} = \frac{p\dot{K}}{Y} + \frac{p\delta K}{Y} \downarrow \frac{p\delta K}{Y} \tag{11.70}$$

となる。単調に減少し、定常状態では一定値である。よって、第 I 部門が優先的に発展するといった事態は生じない。むしろ逆に、第 II 部門の方が優先的に発展していることが分かる。

11.5 結語

特徴を以下にまとめる。

1. 効用単位で測った資本財価格である、シャドウプライス λ は各時点で一定。
2. 消費財生産現場での資本労働比率 $\frac{K}{sL}$、消費労働比率 $\frac{Y}{sL}$、消費資本比率 $\frac{Y}{K}$、資本の限界生産性 Y_K、労働の限界生産性 Y_L は各時点で一定である。
3. 資本財価値 t_1、消費財価値 t_2 は各時点で一定。
4. 消費財価値 t_2 は時間選好率 ρ の単調増加関数であり、時間選好率 ρ が 0 に近いほど消費財価値 t_2 は小さくなる。
5. 線型効用モデルでは、全労働の配分比率を意味する制御関数 s は、資本量 K に比例する。資本量 K が大きいほど、s も大きくなる。
6. 資本の有機的構成は価値で測ると各時点で一定であるが、価格で測ると通時的に増加する。
7. 価値で測った搾取率は各部門で各時点で一致し、時間とともに 0 に収束する。価格で測った搾取率は各時点で一定であるが部門間で異なり、特に第 II 部門は 0 である。

8. 価値で測った利潤率は部門間で異なるが、両部門、また経済全体でも 0 に収束する。価格で測った利潤率は各時点で各部門で一定である。第 II 部門では利潤率は 0 である。経済全体でみると通時的に増加している。
9. 第 I 部門の優先的発展は起こらない。むしろ逆に、第 II 部門が優先的に発展している。
10. 資本財価格 p、レンタル率 R、賃金率 w、利子率 r は各時点で一定。特に資本レンタルと賃金率の比 $\frac{R}{w}$ と資本財価格の賃金率に対する比（資本財 1 単位の支配労働量）$\frac{p}{w}$ も各時点で一定である。
11. 特に利子率 r は各時点で時間選好率 ρ に等しい。

　大西・田添 (2011) では、定常状態に移行する経路上で、資本財の価値は一定であるが、消費財の価値は低下していくことを示している。それに対し、線型効用モデルでは価値は通時的に一定であり、したがって定常状態における価値が初期時点から実現されることになる。線型効用モデルを山下 (2005) では"消費量最大化モデル"と解釈している。

　瞬時的効用関数を線型とするのは制御変数や資本蓄積の時間経路を明示的に求めるための仮定であるが、恣意的に思えるかもしれない。しかし、経済全体の生産量の制御と考えるなら、消費財の生産量そのものを瞬時的効用関数とするのは正当化しえる。ただし、上記の通り、ほとんどの変数が一定になってしまう。異時点間の消費水準の平準化を行なわず、通時的な消費量の最大化を行なう場合は、消費財生産現場における資本・労働の限界生産性を初期時点から定常状態と同一になるように社会計画者、または代表的個人は行動すると解される。

　本モデルでは価格で測った利潤率は通時的に増加している（ただし上限はある）が、価値の利潤率は通時的に低落し 0 に収束している。これは興味深い結論に思われる。現行の価格体系のもとで費用を低下させる新技術を資本家が採用する限り、利潤率は必ず上昇するという柴田・置塩の定理があるが、マルクス派最適成長モデルでは価格レベルと価値レベルで利潤率の動きが逆になることがあり得ると考えられるからである。

また、レーニンの第I部門の優先的発展は生じない。マルクス経済学で従来扱われている、利潤率の傾向的低下法則や再生産表式に関する議論を最適成長モデルの枠組みでも扱えることがわかった。

第12章 マルクス派最適成長論と価値・価格問題 —線型効用・拡張モデルの場合

12.1 本章の目的

前章では、線型効用・基本モデルの下で価値・価格問題を扱った。線型効用の下では、生産現場での資本労働比率や価値・価格が毎期一定という強い結果が成り立ち、そのため通常では求まらない制御変数の明示解が求まった。しかし、基本モデルでは資本財生産に資本財が用いられないため、第I部門において不変資本 C_1 が0になってしまうという不自然な事態が生じてしまう。

そこで本章では、資本財生産にも資本が用いられる拡張モデルの下で線型効用モデルを扱い、制御変数の明示解を求め価値・価格問題を考察したい。

12.2 線型効用モデルの特徴

前章のように効用関数を設定する。
通時的効用
$$J(K) = \int_0^\infty e^{-\rho t} Y \, dt \tag{12.1}$$

資本財生産部門（第I部門）
$$\dot{K} = G(\phi_1 K, s_1 L) - \delta K \tag{12.2}$$

消費財生産部門（第II部門）
$$Y = F(\phi_2 K, s_2 L) \tag{12.3}$$

第 12 章　マルクス派最適成長論と価値・価格問題—線型効用・拡張モデルの場合

　前章と異なり、資本財部門においても生産関数がコブ・ダグラス型とする。資本財生産にも資本財が投入される自然な仮定である。また、初期資本量は十分小さいと仮定する。

　ここで $0 \leq \phi_1, \phi_2 \leq 1, 0 \leq s_1, s_2 \leq 1$ であり、

$$\phi_1 + \phi_2 = 1 \tag{12.4}$$

$$s_1 + s_2 = 1 \tag{12.5}$$

$$F(K, L) = AK^\alpha L^{1-\alpha} \tag{12.6}$$

$$G(K, L) = BK^\beta L^{1-\beta} \tag{12.7}$$

である。$J(K)$ は 0 時点から無限時点までの効用流列の割引現在価値の総和であるが、t 時点から無限時点までの効用流列の割引現在価値の総和 $\Phi(K_t)$ は

$$\Phi(K_t) = \int_t^\infty e^{-\rho(s-t)} Y ds \tag{12.8}$$

である。

　経常価値ハミルトニアンを

$$H = Y + \lambda \{G(\phi_1 K, s_1 L) - \delta K\} + \gamma(1-\phi_1-\phi_2) + \varepsilon(1-s_1-s_2) \tag{12.9}$$

とする。λ は資本のシャドウプライスである。Hamilton-Jacobi-Belmann 方程式は

$$\rho \Phi(K_t) = \max_{\phi_1, \phi_2, s_1, s_2} H \tag{12.10}$$

となる。第 6 章のように、対称性を用いて解くことにする。

　いま、K, L が γ 倍になったとしよう。(12.2)(12.3) が一次同次であることから

$$(\gamma \dot{K}) = G(\phi_1 \gamma K, s_1 \gamma L) - \delta \gamma K \tag{12.11}$$

$$\gamma Y = F(\phi_2 \gamma K, s_2 \gamma L) \tag{12.12}$$

12.2 線型効用モデルの特徴

となることから、資本蓄積経路に影響は与えない。効用は

$$J(\gamma K) = \int_0^\infty e^{-\rho t} \gamma Y dt = \gamma \int_0^\infty e^{-\rho t} Y dt = \gamma J(K) \tag{12.13}$$

となり、$\gamma = \frac{1}{K}$ を代入すると $J(K) = J(1)K$ となるから

$$J(K) = aK \tag{12.14}$$

となる。(瞬時的効用関数が Y であることからも、この形になることは推測できる。) このとき資本のシャドウプライスは

$$\lambda = \frac{\partial J}{\partial K} = a \tag{12.15}$$

となり、各時点で一定となる。

一階条件は

$$\frac{\partial H}{\partial \phi_1} = 0, \frac{\partial H}{\partial \phi_2} = 0 \iff \lambda G_1 = F_1 \tag{12.16}$$

$$\frac{\partial H}{\partial s_1} = 0, \frac{\partial H}{\partial s_2} = 0 \iff \lambda G_2 = F_2 \tag{12.17}$$

$$\frac{\partial H}{\partial K} = \rho \lambda - \dot{\lambda} \iff F_1 \phi_2 + \lambda G_1 \phi_1 - \lambda \delta = \rho \lambda - \dot{\lambda}$$

ここで $F_1 = \frac{\partial F}{\partial K}, F_2 = \frac{\partial F}{\partial L}$ であり、例えば $F_1(\phi_2 K, s_2 L) = A(\phi_2 K)^{\alpha-1}(s_2 L)^{1-\alpha}$ である。G についても同様である。

(12.4)(12.16) から

$$\dot{\lambda} = (\rho + \delta - G_1)\lambda \tag{12.18}$$

横断性条件は

$$\lim_{t \to \infty} e^{-\rho t} \lambda K = 0 \tag{12.19}$$

となる。(12.15) (12.18) から、各時点で

$$G_1 = \rho + \delta(= 一定) \tag{12.20}$$

となる。これは、資本財生産現場での資本の限界生産性が各時点で一定であり、それは時間選好率と減価償却率の和に等しいということである。

$G_1 = \beta B(\frac{\phi_1 K}{s_1 L})^{\beta-1}$ より、資本財生産現場での資本労働比率 $\frac{\phi_1 K}{s_1 L}$ は各時点で一定である。そして $G_2 = (1-\beta)B(\frac{\phi_1 K}{s_1 L})^{\beta}$ より、資本財生産現場での労働の限界生産性も各時点で一定となる。

(12.15) (12.16) (12.20) から

$$F_1 = a(\rho + \delta)(= 一定) \tag{12.21}$$

となり、消費財生産現場での資本の限界生産性も各時点で一定である。$F_1 = \alpha A(\frac{\phi_2 K}{s_2 L})^{\alpha-1}$ より、消費財生産現場での資本労働比率 $\frac{\phi_2 K}{s_2 L}$ は各時点で一定である。そして $F_2 = (1-\alpha)A(\frac{\phi_2 K}{s_2 L})^{\alpha}$ より、消費財生産現場での労働の限界生産性も各時点で一定である。

以上より、一次同次の生産関数を持つ線型効用モデルでは、各部門の生産現場での限界生産性が一定になるという著しい性質があることが分かる。これは、直観的には以下のように考えられる。線型効用では、異時点間の消費の平準化を行なわず、通時的な生産量の最大化を図る。そのため、初期時点から、定常状態での各生産現場での限界生産性や資本労働比率と同一になるように資本や労働の配分を行なう。

(12.20) から資本財生産現場での資本労働比率が求まる。

$$\frac{\phi_1 K}{s_1 L} = \left(\frac{\beta B}{\rho + \delta}\right)^{\frac{1}{1-\beta}} \tag{12.22}$$

(12.16) (12.17) から

$$\frac{F_2}{F_1} = \frac{G_2}{G_1} \tag{12.23}$$

であり、これから各時点で

$$\frac{\frac{(1-\alpha)F}{s_2 L}}{\frac{\alpha F}{\phi_2 K}} = \frac{\frac{(1-\beta)G}{s_1 L}}{\frac{\beta G}{\phi_1 K}}$$

よって

$$\frac{1-\alpha}{\alpha}\frac{\phi_2 K}{s_2 L} = \frac{1-\beta}{\beta}\frac{\phi_1 K}{s_1 L} \tag{12.24}$$

(12.22)(12.24) から消費財生産現場での資本労働比率が求まる。

$$\frac{\phi_2 K}{s_2 L} = \frac{\alpha}{1-\alpha}\frac{1-\beta}{\beta}\left(\frac{\beta B}{\rho+\delta}\right)^{\frac{1}{1-\beta}} \tag{12.25}$$

資本財・消費財それぞれの生産現場において、資本労働比率は各時点で一定となっている。

(12.22)(12.25) から

$$K = \phi_1 K + \phi_2 K = L\left(\frac{\beta B}{\rho+\delta}\right)^{\frac{1}{1-\beta}}\left(s_1 + \frac{\alpha}{1-\alpha}\frac{1-\beta}{\beta}s_2\right) \tag{12.26}$$

この式と $s_1 + s_2 = 1$ から、s_1, s_2 の明示解が求まる。

$$s_1 = \frac{\beta(1-\alpha)}{\beta-\alpha}\left(\frac{\rho+\delta}{\beta B}\right)^{\frac{1}{1-\beta}}\frac{K}{L} - \frac{\alpha(1-\beta)}{\beta-\alpha} \tag{12.27}$$

$$s_2 = \frac{\beta(1-\alpha)}{\alpha-\beta}\left(\frac{\rho+\delta}{\beta B}\right)^{\frac{1}{1-\beta}}\frac{K}{L} - \frac{\alpha(1-\beta)}{\alpha-\beta} + 1 \tag{12.28}$$

労働の配分比率である s_1, s_2 は、資本量の一次関数となっていることが分かる。ただし、s_1, s_2 のどちらが単調増加で単調減少かは、α, β に依存する。$\alpha > \beta$ ならば s_1 は単調減少、s_2 は単調増加、$\alpha < \beta$ ならば s_1 は単調増加、s_2 は単調減少となる。$\alpha = \beta$ のときは不明である。

(12.22)(12.27) から ϕ_1 が、(12.25)(12.28) から ϕ_2 が求まる。

$$\phi_1 = \frac{\alpha(1-\beta)}{\alpha-\beta}\left(\frac{\beta B}{\rho+\delta}\right)^{\frac{1}{1-\beta}}\frac{L}{K} - \frac{\beta(1-\alpha)}{\alpha-\beta} \tag{12.29}$$

$$\phi_2 = \frac{\alpha(1-\beta)}{\beta-\alpha}\left(\frac{\beta B}{\rho+\delta}\right)^{\frac{1}{1-\beta}}\frac{L}{K} - \frac{\beta(1-\alpha)}{\beta-\alpha} + 1 \tag{12.30}$$

資本の配分比率である ϕ_1, ϕ_2 は、労働量の一次関数となっていることが分かる。ただし、ϕ_1, ϕ_2 のどちらが単調増加で単調減少かは、α, β に依存する。$\alpha > \beta$ ならば ϕ_1 は単調減少、ϕ_2 は単調増加、$\alpha < \beta$ ならば ϕ_1 は単調増加、ϕ_2 は単調減少となる。$\alpha = \beta$ のときは不明である。

第 12 章　マルクス派最適成長論と価値・価格問題—線型効用・拡張モデルの場合

さて、時点によらず一定のシャドウプライス $\lambda = a$ は、(12.21) より

$$\lambda = \frac{\alpha A}{\rho + \delta} \left\{ \frac{1-\alpha}{\alpha} \frac{\beta}{1-\beta} \left(\frac{\rho+\delta}{\beta B} \right)^{\frac{1}{1-\beta}} \right\}^{1-\alpha} \tag{12.31}$$

である。また、このことから

消費財生産現場での

消費資本比率

$$\frac{Y}{\phi_2 K} = A \left(\frac{\phi_2 K}{s_2 L} \right)^{\alpha-1} = A \left\{ \frac{1-\alpha}{\alpha} \frac{\beta}{1-\beta} \left(\frac{\rho+\delta}{\beta B} \right)^{\frac{1}{1-\beta}} \right\}^{1-\alpha} \tag{12.32}$$

消費労働比率

$$\frac{Y}{s_2 L} = A \left(\frac{\phi_2 K}{s_2 L} \right)^{\alpha} = A \left\{ \frac{\alpha}{1-\alpha} \frac{1-\beta}{\beta} \left(\frac{\beta B}{\rho+\delta} \right)^{\frac{1}{1-\beta}} \right\}^{\alpha} \tag{12.33}$$

資本の限界生産性

$$F_1 = \alpha A \left(\frac{\phi_2 K}{s_2 L} \right)^{\alpha-1} = \alpha A \left\{ \frac{1-\alpha}{\alpha} \frac{\beta}{1-\beta} \left(\frac{\rho+\delta}{\beta B} \right)^{\frac{1}{1-\beta}} \right\}^{1-\alpha} \tag{12.34}$$

労働の限界生産性

$$F_2 = (1-\alpha) A \left(\frac{\phi_2 K}{s_2 L} \right)^{\alpha} = (1-\alpha) A \left\{ \frac{\alpha}{1-\alpha} \frac{1-\beta}{\beta} \left(\frac{\beta B}{\rho+\delta} \right)^{\frac{1}{1-\beta}} \right\}^{\alpha} \tag{12.35}$$

資本財生産現場での

産出資本比率

$$\frac{G}{\phi_1 K} = B \left(\frac{\phi_1 K}{s_1 L} \right)^{\beta-1} = \frac{\rho+\delta}{\beta} \tag{12.36}$$

産出労働比率
$$\frac{G}{s_1 L} = B\left(\frac{\phi_1 K}{s_1 L}\right)^\beta = B\left(\frac{\beta B}{\rho+\delta}\right)^{\frac{\beta}{1-\beta}} \tag{12.37}$$

資本の限界生産性
$$G_1 = \beta B\left(\frac{\phi_1 K}{s_1 L}\right)^{\beta-1} = \rho+\delta \tag{12.38}$$

労働の限界生産性
$$G_2 = (1-\beta)B\left(\frac{\phi_1 K}{s_1 L}\right)^\beta = (1-\beta)B\left(\frac{\beta B}{\rho+\delta}\right)^{\frac{\beta}{1-\beta}} \tag{12.39}$$

は各時点で一定である。

定常値での K は
$$K^* = B^{\frac{1}{1-\beta}}\left(\frac{\beta}{\rho+\delta}\right)^{\frac{\beta}{1-\beta}}\frac{\alpha(1-\beta)}{\rho(1-\alpha)+\delta(1-\beta)} \tag{12.40}$$

である。これを (12.27) (12.28) (12.29) (12.30) に代入することにより、s_1, s_2, ϕ_1, ϕ_2 の定常値が求まる。

12.3　価値の再生産表式

さて、以上を元にして価値・価格問題を考えよう。C, V, M をそれぞれ不変資本、可変資本、剰余価値とする。価値で測った再生産表式は、資本財 1 単位当たりの価値を t_1、消費財 1 単位当たりの価値を t_2 とおくと

$$\begin{array}{|c|c|c|c|c|}\hline & C & V & M & 合計 \\ \hline 第 \text{I} 部門 & C_1 & V_1 & M_1 & t_1(\dot{K}+\delta K) \\ \hline 第 \text{II} 部門 & C_2 & V_2 & M_2 & t_2 Y \\ \hline\end{array} \tag{12.41}$$

となる。

C は減価償却、$V+M$ は労働によるので、

$$\begin{array}{|c|c|c|c|}\hline & C & V+M & 合計 \\ \hline 第 \text{I} 部門 & t_1\delta\phi_1 K & s_1 L & t_1(\dot{K}+\delta K) \\ \hline 第 \text{II} 部門 & t_1\delta\phi_2 K & s_2 L & t_2 Y \\ \hline 合計 & t_1\delta K & L & t_1\delta K + L \\ \hline\end{array} \tag{12.42}$$

第 12 章　マルクス派最適成長論と価値・価格問題—線型効用・拡張モデルの場合

となる。

前章と同じく $V+M$ の分割を田添・大西 (2011) に従い、生産された消費財の価値 t_2Y が労働量に応じて配分されると仮定して

	C	V	M	合計
第 I 部門	$t_1\delta\phi_1 K$	$s_1 t_2 Y$	$s_1(L-t_2Y)$	$t_1(\dot{K}+\delta K)$
第 II 部門	$t_1\delta\phi_2 K$	$s_2 t_2 Y$	$s_2(L-t_2Y)$	$t_2 Y$
合計	$t_1\delta K$	$t_2 Y$	$L-t_2Y$	$t_1\delta K+L$

$$\tag{12.43}$$

となる。よって

$$t_1\delta\phi_1 K + s_1 L = t_1(\dot{K}+\delta K) \tag{12.44}$$

$$t_1\delta\phi_2 K + s_2 L = t_2 Y \tag{12.45}$$

(12.44) より

$$\begin{aligned}
t_1 &= \frac{s_1 L}{\dot{K}+\delta K - \delta\phi_1 K} = \frac{s_1 L}{G(\phi_1 K, s_1 L) - \delta\phi_1 K} \\
&= \frac{1}{B\left(\frac{\phi_1 K}{s_1 L}\right)^\beta - \delta\left(\frac{\phi_1 K}{s_1 L}\right)} \\
&= \frac{1}{B\left(\frac{\beta B}{\rho+\delta}\right)^{\frac{\beta}{1-\beta}} - \delta\left(\frac{\beta B}{\rho+\delta}\right)^{\frac{1}{1-\beta}}}
\end{aligned} \tag{12.46}$$

(12.45) より

$$t_2 = \frac{t_1\delta\phi_2 K + s_2 L}{Y} = \frac{t_1\delta\left(\frac{\phi_2 K}{s_2 L}\right)+1}{\frac{Y}{s_2 L}} \tag{12.47}$$

$$= \frac{\delta\frac{\alpha}{1-\alpha}\frac{1-\beta}{\beta}\left(\frac{\beta B}{\rho+\delta}\right)^{\frac{1}{1-\beta}} + B\left(\frac{\beta B}{\rho+\delta}\right)^{\frac{\beta}{1-\beta}} - \delta\left(\frac{\beta B}{\rho+\delta}\right)^{\frac{1}{1-\beta}}}{A\left\{\frac{\alpha}{1-\alpha}\frac{1-\beta}{\beta}\left(\frac{\beta B}{\rho+\delta}\right)^{\frac{1}{1-\beta}}\right\}^\alpha\left\{B\left(\frac{\beta B}{\rho+\delta}\right)^{\frac{\beta}{1-\beta}} - \delta\left(\frac{\beta B}{\rho+\delta}\right)^{\frac{1}{1-\beta}}\right\}} \tag{12.48}$$

12.3 価値の再生産表式

価値 t_1, t_2 はそれぞれ各時点で定数である。ただし、資本財・消費財の価値が時間選好率 ρ の関数になっている。これはマルクスには無い観点で、生産物に対象化される投下労働量も、生産の際に異時点間の最適化を行なうため、時間選好に影響され得ることを示している。ただし、ρ の増加関数か減少関数かは不明である。

資本の有機的構成は

$$\frac{C}{V} = \frac{t_1 \delta K}{t_2 Y} \tag{12.49}$$

となり、(12.32)(12.46)(12.47) より通時的に一定である。

剰余労働 $M_1, M_2 \geq 0$ であるかどうか調べよう。まず、(12.44) より

$$t_1 = \frac{s_1 L}{G - \delta \phi_1 K} > 0 \tag{12.50}$$

となる。また (12.44)(12.45) を辺々足すと、

$$t_1 \delta K + L = t_1(\dot{K} + \delta K) + t_2 Y \tag{12.51}$$

より

$$t_2 Y = L - t_1 \dot{K} \leq L \tag{12.52}$$

となるので、成立する。

搾取率 e がどうなっているか調べよう。

第一部門の搾取率は

$$e_1 = \frac{M_1}{V_1} = \frac{L}{t_2 Y} - 1 \downarrow 0 \tag{12.53}$$

第二部門の搾取率は

$$e_2 = \frac{M_2}{V_2} = \frac{L}{t_2 Y} - 1 \downarrow 0 \tag{12.54}$$

となるので、各時点で各部門の搾取率は一致する。t_2 は一定値であるが Y は通時的に増加するので、搾取率は時間の減少関数であり、0 に収束する。

よって、価値で測った利潤率は

$$\frac{M_1}{C_1+V_1} = \frac{s_1(L-t_2Y)}{t_1\delta\phi_1 K + s_1 t_2 Y} = \frac{e_2}{\frac{t_1\delta\phi_1 K}{s_1 t_2 Y}+1} \downarrow 0 \qquad (12.55)$$

$$\frac{M_2}{C_2+V_2} = \frac{s_2(L-t_2Y)}{t_1\delta\phi_2 K + s_2 t_2 Y} = \frac{e_2}{\frac{t_1\delta\phi_2 K}{s_2 t_2 Y}+1} \downarrow 0 \qquad (12.56)$$

となる。部門間で利潤率は異なるが、両部門ともに 0 に収束する。

経済全体での価値で測った利潤率は

$$\frac{M}{C+V} = \frac{L-t_2Y}{t_1\delta K + t_2 Y} = \frac{e_2}{\frac{t_1\delta K}{t_2 Y}+1} \downarrow 0 \qquad (12.57)$$

また、第 I 部門の総価値の第 II 部門の総価値に対する比率は

$$\frac{C_1+V_1+M_1}{C_2+V_2+M_2} = \frac{t_1(\dot{K}+\delta K)}{t_2 Y} = \frac{t_1 \dot{K}}{t_2 Y} + \frac{t_1 \delta K}{t_2 Y} \downarrow \frac{t_1 \delta K}{t_2 Y}(=\text{定数}) \qquad (12.58)$$

となる。単調に減少し、定常状態では一定値である。よって、第 I 部門が優先的に発展するといった事態は生じない[*1]。

12.4 価格の再生産表式

本節では価格を扱うが、すでに第 2 章で計算済みである。ただし第 2 章とは記号の設定が異なるので、第 2 章と前章を元に、簡単に述べたい。

経済には資本財企業・消費財企業の 2 種類が存在する。各企業の生産関数を

[*1] レーニンは、資本の有機的構成が高度化する場合に第 I 部門が第 II 部門に比べ成長すると考えていたので、資本の有機的構成が一定の本モデルでは、レーニンの第 I 部門の優先的発展の法則が成り立たなくても矛盾しない。ただし、大西・田添 (2011) では、効用関数が対数効用の最適成長モデルにおいて、資本の有機的構成が高度化し、なおかつ第 I 部門が優先的に発展しない、すなわちレーニンの第 I 部門の優先的発展の法則が成り立たないことを示している。

12.4 価格の再生産表式

資本財生産企業

$$I = BK_1^\beta L_1^{1-\beta} = G(K_1, L_1) \tag{12.59}$$

$$\dot{K} = I - \delta K \tag{12.60}$$

消費財生産企業

$$Y = AK_2^\alpha L_2^{1-\alpha} = F(K_2, L_2) \tag{12.61}$$

とし、資源制約を

労働供給

$$L_1 + L_2 = L \tag{12.62}$$

とする。

家計の単期ごとの効用は Y であり、通時的効用は単期ごとの効用の割引価値の総和（積分）である。

$$U = \int_0^\infty e^{-\rho t} Y dt \tag{12.63}$$

ここで Y:消費財 I:投資財 K:資本財 L:労働（定数） $\delta > 0$:減価償却率 $\rho > 0$:時間選好率（定数）であり、$\dot{K}$ は時間微分を表す。また、$0 \leq L_1, L_2 \leq L$ である。家計は通時的効用を最大化するように行動する。

p:資本財価格、R:資本のレンタル率、w:賃金率とする。消費財価格を 1 に基準化している。

各企業は以下の最適化行動を行なう。各時刻 t において、資本財企業は価格・要素価格 $\{p(t), R(t), w(t)\}$ を所与として、投入 $L_1(t)$ を、単期の利潤 $\pi_1(t)$ が最大になるように選択する。

$$\max_{K_1(t), L_1(t)} \pi_1(t) = \max_{K_1(t), L_1(t)} \{p(t)I(t) - R(t)K_1(t) - w(t)L_1(t)\} \tag{12.64}$$

また各時刻 t において消費財企業は、要素価格 $\{R(t), w(t)\}$ を所与として、投入 $K_2(t), L_2(t)$ を、単期の利潤 $\pi_2(t)$ が最大になるように選択する。

$$\max_{K_2(t), L_2(t)} \pi_2(t) = \max_{K_2(t), L_2(t)} \{Y(t) - R(t)K_2(t) - w(t)L_2(t)\} \tag{12.65}$$

ここでは簡単のため、両企業共に投資の調整費用を考えていない。

単期の利潤最大化の一階条件より、

$$\frac{\partial \pi_1}{\partial K_1} = 0, \frac{\partial \pi_2}{\partial K_2} = 0 \Longleftrightarrow pG_{K_1} = F_{K_1} = R \tag{12.66}$$

$$\frac{\partial \pi_1}{\partial L_1} = 0, \frac{\partial \pi_2}{\partial L_2} = 0 \Longleftrightarrow pG_{L_2} = F_{L_2} = w \tag{12.67}$$

が得られる。それぞれ生産関数が一次同次であることから、均衡では両企業共に利潤は0になる。(12.66) の右辺の意味は、「資本の限界1単位当たりの消費財生産額＝資本の限界1単位当たりの資本財生産額＝資本のレンタル率」であり、(12.67) の右辺の意味は「労働の限界1単位当たりの消費財生産額＝労働の限界1単位当たりの資本財生産額＝賃金率」である。

資本市場の裁定条件は、以下のようになる。p を銀行に預けた場合の利子は rp であり、p で資本財を買った場合は、資本を貸すことによる収入 R と、キャピタルゲインまたはキャピタルロス $\dot{p}$ を得る。また、減価償却は δ だが、これは価格では δp なので、

$$rp = R - \delta p + \dot{p} \tag{12.68}$$

が成り立つ。

第2章にあるように、本モデルでは社会計画者の最適解と分権経済での最適解は、外部性が無いため一致する。よって $K_1 = \phi_1 K, K_2 = \phi_2 K, L_1 = s_1 L, L_2 = s_2 L$ とおくと、前節の結果はそのまま成り立つ。すなわち消費財生産現場での資本労働比率、消費労働比率、資本の限界生産性、労働の限界生産性、消費資本比率は各時点で一定である。

また、(12.66) (12.67) からレンタル率 R、賃金率 w は (12.34) (12.35) より

$$R = F_{K_1} = \alpha A \left\{ \frac{1-\alpha}{\alpha} \frac{\beta}{1-\beta} \left(\frac{\rho+\delta}{\beta B} \right)^{\frac{1}{1-\beta}} \right\}^{1-\alpha} \tag{12.69}$$

$$w = F_{L_2} = (1-\alpha)A \left\{ \frac{\alpha}{1-\alpha} \frac{1-\beta}{\beta} \left(\frac{\beta B}{\rho+\delta} \right)^{\frac{1}{1-\beta}} \right\}^{\alpha} \tag{12.70}$$

また、(12.39) より

$$G_{L_2} = (1-\beta)B \left(\frac{\beta B}{\rho+\delta} \right)^{\frac{\beta}{1-\beta}} \tag{12.71}$$

よって資本財価格は

$$p = \frac{F_{L_2}}{G_{L_2}} = \frac{A}{B} \left(\frac{\alpha}{\beta} \right)^{\alpha} \left(\frac{1-\alpha}{1-\beta} \right)^{1-\alpha} \left(\frac{\beta B}{\rho+\delta} \right)^{\frac{\alpha-\beta}{1-\beta}} \tag{12.72}$$

よって (12.20) (12.66) (12.68) から利子率は

$$r = \frac{R}{p_1} - \delta + \frac{\dot{p}_1}{p_1} = \rho \tag{12.73}$$

これらは各時点で一定である。本章の線型効用モデルでも、主要な変数がすべて各時点で一定となるという顕著な特徴があることが分かる。特に、利子率 r は各時点で時間選好率に等しい。

また、資本レンタルと賃金率の比 $\frac{R}{w}$ と資本財価格の賃金率に対する比（資本財 1 単位の支配労働量）$\frac{p}{w}$ は各時点で一定である。

C^p, V^p, M^p をそれぞれ価格表示での不変資本、可変資本、剰余価値とする。

価格で測った再生産表式を、

	C^p	V^p	M^p	合計
第 I 部門	C_1^p	V_1^p	M_1^p	$p(\dot{K}+\delta K)$
第 II 部門	C_2^p	V_2^p	M_2^p	Y

(12.74)

第12章　マルクス派最適成長論と価値・価格問題—線型効用・拡張モデルの場合

と表すことにする。添字の p は、price の意味である。

第9章の (ii) の場合のように、資本財所有者が資本財企業、消費財企業を $\phi_1 : \phi_2$ の比率で所有しているとする。

	C^p	V^p
第 I 部門 + 所有者 I	$\phi_1 p\delta K$	$ws_1 L$
第 II 部門 + 所有者 II	$\phi_2 p\delta K$	$ws_2 L$
合計	$p\delta K$	wL

M^p	合計
$\phi_1 (RK - p\delta K)$	$p(\dot{K} + \delta K)$
$\phi_2 (RK - p\delta K)$	Y
$RK - p\delta K$	$p(\dot{K} + \delta K) + Y$

(12.75)

である。

資本の有機的構成は

$$\frac{C^p}{V^p} = \frac{p\delta K}{wL} = \frac{p}{w}\frac{\delta}{L}K \uparrow \frac{p}{w}\frac{\delta}{L}K^* \tag{12.76}$$

となり、通時的に増加する。

剰余労働は

$$M_1^p = (R - p\delta)\phi_1 K \tag{12.77}$$

$$M_2^p = (R - p\delta)\phi_2 K \tag{12.78}$$

となる。(12.29)(12.30) より $\alpha > \beta$ ならば M_1^p は単調減少、M_2^p は単調増加、$\alpha < \beta$ ならば M_1^p は単調増加、M_2^p は単調減少となる。$\alpha = \beta$ のときは不明である。

搾取率 e がどうなっているか調べよう。

第一部門の搾取率は

$$e_1^p = \frac{M_1^p}{V_1^p} = \frac{(R - p\delta)\phi_1 K}{ws_1 L} = \left(\frac{R}{w} - \frac{p}{w}\delta\right)\frac{\phi_1 K}{s_1 L} = 一定 \tag{12.79}$$

第二部門の搾取率は

$$e_2^p = \frac{M_2^p}{V_2^p} = \frac{(R - p\delta)\phi_2 K}{ws_2 L} = \left(\frac{R}{w} - \frac{p}{w}\delta\right)\frac{\phi_2 K}{s_2 L} = 一定 \tag{12.80}$$

12.4 価格の再生産表式

となるので、各部門の搾取率は各時点で一定であるが、一般には異なる。

経済全体での搾取率は

$$e^p = \frac{M^p}{V^p} = \frac{RK - p\delta K}{wL} = \left(\frac{R}{w} - \frac{p}{w}\delta\right)\frac{K}{L} \uparrow \left(\frac{R}{w} - \frac{p}{w}\delta\right)\frac{K^*}{L} \tag{12.81}$$

となり、通時的に増加している。

利潤率は

$$\frac{M_1^p}{C_1^p + V_1^p} = \frac{(R - p\delta)\phi_1 K}{\phi_1 p\delta K + ws_1 L} = \frac{\left(\frac{R}{w} - \frac{p}{w}\delta\right)\frac{\phi_1 K}{s_1 L}}{\frac{p}{w}\delta\frac{\phi_1 K}{s_1 L} + 1} = 一定 \tag{12.82}$$

$$\frac{M_2^p}{C_2^p + V_2^p} = \frac{(R - p\delta)\phi_2 K}{\phi_2 p\delta K + ws_2 L} = \frac{\left(\frac{R}{w} - \frac{p}{w}\delta\right)\frac{\phi_2 K}{s_2 L}}{\frac{p}{w}\delta\frac{\phi_2 K}{s_2 L} + 1} = 一定 \tag{12.83}$$

となる。各時点で各部門の利潤率は一定であり、部門間で一般には利潤率は異なる。

経済全体での利潤率は

$$\frac{M^p}{C^p + V^p} = \frac{RK - p\delta K}{p\delta K + wL} = \frac{\frac{R}{w} - \frac{p}{w}\delta}{\frac{p}{w}\delta + \frac{L}{K}} \uparrow \frac{\frac{R}{w} - \frac{p}{w}\delta}{\frac{p}{w}\delta + \frac{L}{K^*}} \tag{12.84}$$

となり、通時的に増加している。

第 9 章でも述べたとおり、両部門で資本の技術的構成が同じ ($\frac{\phi_1 K}{s_1 L} = \frac{\phi_2 K}{s_2 L}$) ならば、両部門での利潤率は一致する。また、このとき搾取率も両部門で一致していることが分かる。

第 I 部門の総価格の第 II 部門の総価格に対する比率は

$$\frac{C_1^p + V_1^p + M_1^p}{C_2^p + V_2^p + M_2^p} = \frac{p(\dot{K} + \delta K)}{Y} = \frac{p\dot{K}}{Y} + \frac{p\delta K}{Y} \downarrow \frac{p\delta K}{Y} \tag{12.85}$$

となる。単調に減少し、定常状態では一定値である。よって、第 I 部門が優先的に発展するといった事態は生じない。むしろ逆に、第 II 部門の方が優先的に発展していることが分かる。

12.5 結語

特徴を以下にまとめる。

1. 効用単位で測った資本財価格である、シャドウプライス λ は各時点で一定。
2. 消費財生産現場での資本労働比率 $\frac{\phi_2 K}{s_2 L}$、消費資本比率 $\frac{Y}{\phi_2 K}$、消費労働比率 $\frac{Y}{s_2 L}$、資本の限界生産性 F_1、労働の限界生産性 F_2 は各時点で一定である。
3. 資本財生産現場での資本労働比率 $\frac{\phi_1 K}{s_1 L}$、産出資本比率 $\frac{G}{\phi_1 K}$、産出労働比率 $\frac{G}{s_1 L}$、資本の限界生産性 G_1、労働の限界生産性 G_2 は各時点で一定である。
4. 資本財価値 t_1、消費財価値 t_2 は時間選好率 ρ の関数である。時間選好率 ρ の増加関数か減少関数かは不明である。
5. 線型効用モデルでは、労働の配分比率である s_1, s_2 は、資本量の一次関数となっていることが分かる。ただし、s_1, s_2 のどちらが単調増加で単調減少かは、α, β に依存する。$\alpha > \beta$ ならば s_1 は単調減少、s_2 は単調増加、$\alpha < \beta$ ならば s_1 は単調増加、s_2 は単調減少となる。$\alpha = \beta$ のときは不明である。
6. 線型効用モデルでは、資本の配分比率である ϕ_1, ϕ_2 は、労働量の一次関数となっていることが分かる。ただし、ϕ_1, ϕ_2 のどちらが単調増加で単調減少かは、α, β に依存する。$\alpha > \beta$ ならば ϕ_1 は単調減少、ϕ_2 は単調増加、$\alpha < \beta$ ならば ϕ_1 は単調増加、ϕ_2 は単調減少となる。$\alpha = \beta$ のときは不明である。
7. 資本の有機的構成は価値で測ると各時点で一定であるが、価格で測ると通時的に増加する。
8. 価値で測った搾取率は各部門で各時点で一致し、時間とともに 0 に収束する。価格で測った搾取率は各時点で一定であるが部門間で異なる。
9. 価値で測った利潤率は部門間で異なるが、両部門、また経済全体で

も 0 に収束する。価格で測った利潤率は各時点で各部門で一定である。経済全体でみると通時的に増加している。
10. 第 I 部門の優先的発展は起こらない。むしろ逆に、第 II 部門が優先的に発展している。
11. 資本財価格 p、レンタル率 R、賃金率 w、利子率 r は各時点で一定。特に資本レンタルと賃金率の比 $\frac{R}{w}$ と資本財価格の賃金率に対する比（資本財 1 単位の支配労働量）$\frac{p}{w}$ も各時点で一定である。
12. 特に利子率 r は各時点で時間選好率 ρ に等しい。

　資本財生産関数が資本と労働からなる本章のモデルは、前章と違ってかなり煩雑な計算結果となった。しかし、各時点で資本財・消費財の各生産現場で、限界生産性が常に一定となることから、主要な変数がすべて通時的に一定となるなど、前章とほぼ同等の結果が成り立った。瞬時的効用関数が線型ならば、生産関数が一次同次であっても制御関数が線型となるという性質があることが分かった。ただし、s_1, s_2, ϕ_1, ϕ_2 の増加・減少は、α, β の大小に依存することや、消費財価値 t_1, t_2 が ρ の増加関数になっているか不明など、前章と違って移行経路が明示的にどうなるかが不明である点が多々あった。

　しかし資本財生産に資本が使われることから、本章のモデルの方がマルクスの再生産表式と比較する際に適切である。この本章のモデルでも前章と同じ帰結を得た。すなわち、価格で測った利潤率は通時的に増加している（ただし上限はある）が、価値の利潤率は通時的に低落し 0 に収束している。やはり価格レベルと価値レベルで利潤率の動きが逆になっている。また、レーニンの第 I 部門の優先的発展は生じない。

補論

　第 11 章、第 12 章と 2 部門モデルを分析した。これは、マルクスのモデルがもともと 2 部門モデルであり、それに合わせたからである。それでは最適成長論における最も単純なラムゼーモデルでは価値・価格問題はどう

なるであろうか。

通時的効用

$$U = \int_0^\infty e^{-\rho t} \log C \, dt \tag{12.86}$$

集計財生産

$$Y = AK^\alpha L^{1-\alpha} \tag{12.87}$$

経済全体の資源配分

$$\dot{K} = Y - C - \delta K \tag{12.88}$$

ただし、$\rho > 0$：時間選好率、Y：集計財、K：資本財、C：消費財、L：労働である[*2]。

ラムゼーモデルは、生産される財を資本財・消費財と区別せずに一つの財として集計して扱う。(12.87) で表されるように、資本と労働により集計された財を生産する。その集計された財から、消費と減価償却分を差し引いた残りが資本蓄積にまわる。消費財 C が制御変数である。

これまでと同様に、社会計画者の最適化と分権経済での最適化を考えよう。どちらも解は同じである。

社会計画者の最適化

経常価値ハミルトニアンを

$$H = \log C + \lambda(Y - C - \delta K) \tag{12.89}$$

とする。一階条件は

$$\frac{\partial H}{\partial C} = 0 \iff \frac{1}{C} = \lambda \tag{12.90}$$

[*2] 瞬時的効用関数を線型にすると、(12.88) において消費財 C が線型であることから、経常価値ハミルトニアンが C の線型関数となり、バンバン制御が生じ問題が複雑になるので、ここでは対数効用関数とした。

$$\frac{\partial H}{\partial K} = \rho\lambda - \dot{\lambda} \iff \frac{\dot{\lambda}}{\lambda} = \rho + \delta - Y_K \tag{12.91}$$

定常状態では $Y_K = \rho + \delta$ となるので

$$K^* = \left(\frac{\alpha A}{\rho + \delta}\right)^{1-\alpha} L \tag{12.92}$$

となる。

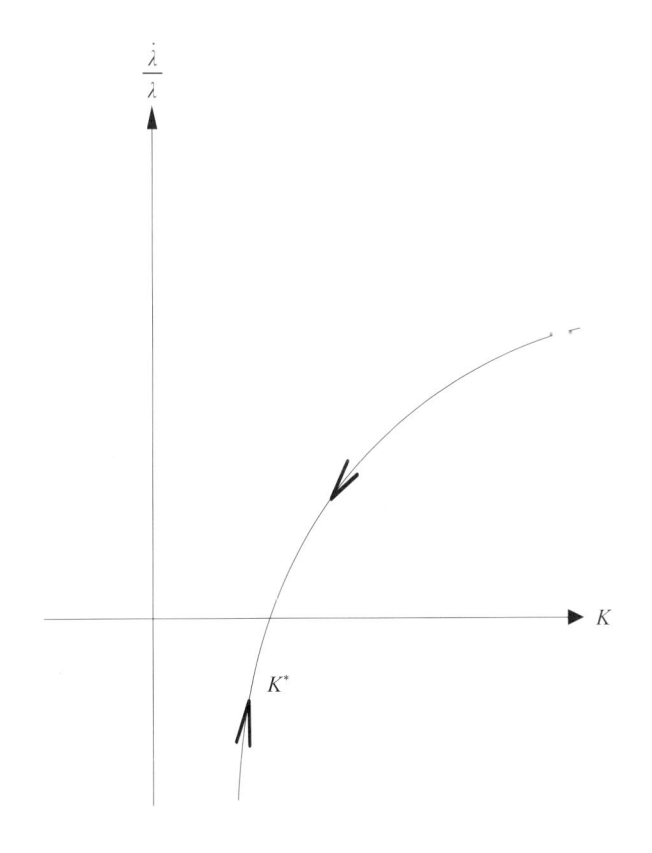

集計財 1 単位の価値を v とする。(12.88) から、集計財 1 単位の価値は消費財 1 単位、資本財 1 単位の価値と等しい。(12.87) から

$$v\delta K + L = Y \tag{12.93}$$

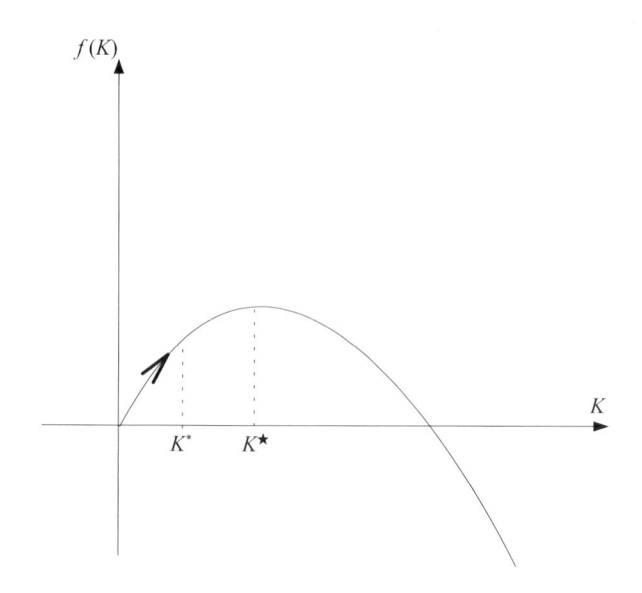

ゆえに

$$v = \frac{L}{Y - \delta K} \tag{12.94}$$

となる。

$$f(K) = Y - \delta K \tag{12.95}$$

とおく。

$$f'(K) = \alpha A K^{\alpha-1} L^{1-\alpha} - \delta \tag{12.96}$$

から $f'(K) = 0$ のときの K を $K^{\star}$ で表すと

$$K^{\star} = \left(\frac{\alpha A}{\delta}\right)^{1-\alpha} L > \left(\frac{\alpha A}{\rho + \delta}\right)^{1-\alpha} L = K^{*} \tag{12.97}$$

となり、v は単調減少であることが分かる。

価値の再生産表式

ラムゼーモデルは1部門モデルなので、再生産表式は第I・II部門を合算したものになる。(不変資本の C が消費 C と同一の記号であるが、そのままにしている。)

	C	V	M	合計
第I部門 + 第II部門	$v\delta K$	vC	$L - vC$	vY

(12.98)

搾取率は

$$\text{搾取率} = \frac{M}{V} = \frac{L - vC}{vC} = \frac{L}{vC} - 1 = \frac{Y - \delta K}{C} - 1 = \frac{\dot{K} + C}{C} - 1 = \frac{\dot{K}}{C} \downarrow 0 \tag{12.99}$$

となり、単調減少で0に収束する。

分権経済の最適化

企業の利潤は

$$\pi = Y - RK - wL \tag{12.100}$$

ただし π：利潤、R：資本のレンタル率、w：賃金率である。ここでは、集計財1単位の価格を1に基準化している。

一階条件は

$$\frac{\partial \pi}{\partial K} = 0 \iff R = Y_K \tag{12.101}$$

$$\frac{\partial \pi}{\partial L} = 0 \iff w = Y_L \tag{12.102}$$

となる。

資産市場の裁定条件は

$$R = r + \delta \tag{12.103}$$

である。2章では、資産市場の均衡条件は $pr = R - p\delta + \dot{p}$ であったが、ここでは資本財・消費財は集計されているので同一の価格である。すなわち $p = 1$ のとき上式に一致する。

家計の予算制約式は、$a = K$ を資産として

$$\dot{a} = ra + wL - C \tag{12.104}$$

となる。家計はこの予算制約式の下に通時的効用

$$U = \int_0^\infty e^{-\rho t} \log C \, dt \tag{12.105}$$

を最大化する。制御変数は C である。

経常価値ハミルトニアンを

$$\tilde{H} = \log C + \mu (ra + wL - C) \tag{12.106}$$

とする。一階条件は

$$\frac{\partial \tilde{H}}{\partial C} = 0 \iff \frac{1}{C} = \mu \tag{12.107}$$

$$\frac{\partial \tilde{H}}{\partial a} = \rho\mu - \dot{\mu} \iff \frac{\dot{\mu}}{\mu} = \rho - r \tag{12.108}$$

(12.91) より

$$R = \rho + \delta - \frac{\dot{\lambda}}{\lambda} \tag{12.109}$$

なので、定常状態では R は $\rho + \delta$ に等しくなる。

価格の再生産表式

ラムゼーモデルは 1 部門モデルなので、再生産表式は第 I・II 部門を合算したものになる。資本財所有者を分離して扱うと、次のようになる。

	C	V	M	合計
第 I 部門 + 第 II 部門	RK	wL	0	Y
資本財所有者	$\delta K - RK$	0	$RK - \delta K$	0
合計	δK	wL	$RK - \delta K$	Y

(12.110)

これまでと同様に、資本財所有者の剰余価値 $RK - \delta K > 0$ は、資本財所有者が資本を企業に貸したレンタル収入から減価償却分を差し引いたものを利潤として得ていることを示している。

$$\text{利潤率} = \frac{M}{C+V} = \frac{RK - \delta K}{\delta K + wL} = \frac{\frac{RK}{wL} - \frac{\delta K}{wL}}{\frac{\delta K}{wL} + 1} \tag{12.111}$$

ここで

$$\frac{RK}{wL} = \frac{Y_K K}{Y_L L} = \frac{\alpha}{1-\alpha} = \text{一定} \tag{12.112}$$

$$\frac{\delta K}{wL} = \frac{\delta K}{Y_L L} = \frac{\delta}{(1-\alpha)A}\left(\frac{K}{L}\right)^{1-\alpha} \uparrow \tag{12.113}$$

より利潤率は単調減少であることが分かる。

また、

$$\text{搾取率} = \frac{M}{V} = \frac{RK - \delta K}{wL} = \frac{RK}{wL} - \frac{\delta K}{wL} \downarrow \frac{\rho K}{wL} \tag{12.114}$$

より搾取率も単調減少であることが分かる。ただし 0 でなく正の値に収束する。定常状態でも利子率が正であり、利子所得からの消費は剰余価値に属するからである。

補論のまとめ

ラムゼーモデルにおいてもこれまでの 2 部門モデルと同じく価値を考えることはできる。初期時点から長期定常状態に至るまでの経路上で価値は単調減少すること、しかし価値は最小ではないことは 2 部門モデルの場合と同一の帰結である。価値・価格問題は異なる財どうしを、その価値と価格の比率がどれだけ一致・乖離しているかの問題であるが、ラムゼーモデルでは資本財消費財ともに集計されて価格が 1 に基準化されているため、価値・価格問題をそもそも考えることができない。

第13章 価値・価格の移行動学
── Mathematica による数値解法

13.1 本章の目的

第1章、第8章で瞬時的効用関数を対数関数、消費財生産関数をコブ・ダグラス型、資本財生産関数を線型とした基本モデルを扱ったが、そのオイラー方程式は非線形であるため明示解が求まらない。そのため第11章、第12章では瞬時的効用関数を線型と仮定し、資本蓄積経路を明示的に求めた。線型効用モデルでは、制御関数が資本量の一次関数で表せたり、価値や価格、再生産表式などを明示解で扱えるといった非常に扱いやすい利点があったが、生産現場での資本労働比率が毎期一定という制約の強い結果が要求された。

そこで本章では、対数効用関数のまま基本モデルの解を求めるために、西岡 (1995) の手法に基づいて、Mathmatica による数値解法を扱いたい。

13.2 基本モデル

基本モデルを再記する。以下では、社会計画者の最適化と分権経済での最適化が一致する事実を使っている。

経済には消費財・資本財の2部門があり、労働は s:1-s の割合で消費財・資本財の生産に配分される。その最適な配分比率は、各時点で異なるが、それは通時的効用が最大になるように決定される。

資本財部門（第 I 部門）

$$\dot{K} = B(1-s)L - \delta K \tag{13.1}$$

消費財部門（第 II 部門）

$$Y = AK^\alpha (sL)^{1-\alpha} \tag{13.2}$$

通時的効用

$$U = \int_0^\infty e^{-\rho t} \log Y \, dt \tag{13.3}$$

とする。$0 < \alpha, \delta < 1, 0 \leq s \leq 1, \rho > 0$ とする。

消費財価格を 1 に基準化し、資本財価格を p_1、資本レンタル率を R、賃金率を w、資本財部門の利潤を π_1、消費財部門の利潤を π_2 とする。

$$\begin{aligned}\pi_1 &= p_1(\dot{K} + \delta K) - w(1-s)L \\ &= (p_1 B - w)(1-s)L\end{aligned} \tag{13.4}$$

$p_1 B > w$ だと無限に労働投入が行なわれ、$p_1 B < w$ だと生産が行なわれないため、ここでは $p_1 B = w$ となる均衡を考える。

$$\pi_2 = Y - RK - wsL \tag{13.5}$$

一階条件より、$R = \alpha A K^{\alpha-1}(sL)^{1-\alpha}$、$w = (1-\alpha)AK^\alpha (sL)^{-\alpha}$ となる。

次に、資本財、消費財 1 単位当たりの価値をそれぞれ v_1, v_2 とする。

資本財部門では労働 $(1-s)L$ だけ投入されて資本財 $\dot{K} + \delta K$ 単位だけ産出されるので

$$v_1(\dot{K} + \delta K) = (1-s)L \tag{13.6}$$

消費財部門では、生産過程において資本財 δK 単位が摩滅し、労働 sL だけ投入されて消費財 Y 単位だけ産出されるので

$$v_2 Y = v_1 \delta K + sL \tag{13.7}$$

となる。よって、

$$v_1 = \frac{1}{B} \tag{13.8}$$

$$v_2 = \frac{\delta K + BsL}{BY} \tag{13.9}$$

となる。v_1 は時間によらず一定となっている。これは、資本財生産関数が労働投入に関して線型となっているためである。

結局、ストック変数の K と制御変数 s の時間経路が分かれば、生産物量・価格・価値の時間経路も求まることが分かる。

経常価値ハミルトニアンは

$$\begin{aligned} H &= \log Y + \lambda\{B(1-s)L - \delta K\} \\ &= \log A + \alpha \log K + (1-\alpha)\log s + (1-\alpha)\log L \\ &\quad + \lambda\{B(1-s)L - \delta K\} \end{aligned} \tag{13.10}$$
$$\tag{13.11}$$

となる。

一階条件は

$$\frac{\partial H}{\partial s} = 0 \iff \frac{1-\alpha}{s} = \lambda BL \tag{13.12}$$

$$\frac{\partial H}{\partial K} = \rho\lambda - \dot{\lambda} \iff \frac{\alpha}{K} = (\rho + \delta)\lambda - \dot{\lambda} \tag{13.13}$$

となる。(13.12)(13.13) から、オイラー方程式が求まる。

$$\dot{s} = s\left(\frac{B\alpha}{1-\alpha}\frac{sL}{K} - \rho - \delta\right) \tag{13.14}$$

原理的には (13.1)(13.14) の 2 つの微分方程式から、s, K の時間経路が求まるはずであるが、このままでは数値計算ができない。そこで西岡 (1995) にある Backward-Shooting 法を用いる。それはこのモデルでは、以下の方針となる。

(i) 制御変数 s は状態変数 K の関数で表せる（政策関数）から、まず $s(K)$ の数値解を求める。

(ii) よって (13.1) の右辺が $K(t)$ の関数となる。K の時間経路を求める。これを政策関数 $s(K)$ に代入することにより、$s(t)$ の時間経路も求まる。

第13章 価値・価格の移行動学—Mathematicaによる数値解法

(iii) 生産物量 Y・価格 p_1, R, w・価値 v_1, v_2 は $s(t), K(t)$ の関数なのでそれぞれの時間経路が求まる。

$s(K)$ の数値解を求めるには、$s(K), \dot{s}(K)$ からなる微分方程式と、ある時点 t_0 での $s(K_{t_0}), \dot{s}(K_{t_0})$ の値が分かればよい。通常の微分方程式では、この t_0 として初期時点をとるが、最適成長モデルでは、そもそも初期時点での制御変数の値が不明である。しかし、定常状態での制御変数、ストック変数の値は求まるので、それを利用していわば定常状態を初期時点とみなして、逆向きに解くのが Backward-Shooting 法である。

そこで、定常状態での $s(K^*), \dot{s}(K^*)$ を求めよう。ただし、*は定常状態での値を表している。

まず、定常状態では $\dot{s}(t) = \dot{K}(t) = 0$ なので、(13.1)(13.14) から

$$K^* = \frac{B\alpha L}{\rho(1-\alpha) + \delta} \tag{13.15}$$

$$s^* = \frac{(\rho + \delta)(1-\alpha)}{\rho(1-\alpha) + \delta} \tag{13.16}$$

である。また、合成関数の微分法の公式より

$$\dot{s}(K) = \frac{\dot{s}(t)}{\dot{K}(t)} = \frac{s\left(\frac{B\alpha}{1-\alpha}\frac{sL}{K} - \rho - \delta\right)}{B(1-s)L - \delta K} \tag{13.17}$$

定常状態では $\dot{s}(t) = \dot{K}(t) = 0$ なので、(13.17) は代入では求まらない。そのためロピタルの定理を用いる。

$$\dot{s}(K^*) = \lim_{K \to K^*} \frac{d\dot{s}(K)/dK}{d\dot{K}/dK} \tag{13.18}$$

$$= \frac{(\rho + \delta)\dot{s}(K^*) - \frac{(\rho+\delta)^2(1-\alpha)}{B\alpha L}}{-B\dot{s}(K^*)L - \delta} \tag{13.19}$$

分母をはらって整理して

$$BL\dot{s}(K^*)^2 + (\rho + 2\delta)\dot{s}(K^*) - \frac{(\rho+\delta)^2(1-\alpha)}{B\alpha L} = 0 \tag{13.20}$$

$\dot{s}(K^*)$ は、この二次方程式の正根である。というのは、本モデルは鞍点安定であるため定常均衡から発散する不安定経路と、定常均衡へ向かう安

定経路があるが、安定経路では $\dot{s}(K^*) > 0$ を満たすからである^{*1}。二次方程式の解の公式から

$$\dot{s}(K^*) = \frac{-(\rho+2\delta) + \sqrt{(\rho+2\delta)^2 + \frac{4}{\alpha}(\rho+\delta)^2(1-\alpha)}}{2BL} \quad (13.21)$$

となる。

13.3 シミュレーション

定常状態での値が (13.15)(13.16)(13.21) で求まったので、これを初期時点とみなして微分方程式 (13.17) の経路を求めればよい。Mathematica では、微分方程式の数値解を解くコマンド NSolve がある。

$\delta = 0.10, \alpha = 0.33, \rho = 0.05, A = 1, B = 1, L = 1$ とした。また、資本量の範囲を $K_0 = \frac{K^*}{80}$ から $K_1 = 3K^*$ までとした。その結果のグラフは章末にある。

通時的に s, K, Y, w, p_1 は単調増加し、v_2, R は減少していることが分かる。ただし、いずれも $t \to \infty$ では一定の定常値に収束する。

資本財の価値 v_1 は通時的に一定だが、価格 p_1 は増加している。消費財の価値 v_2 は通時的に減少しているが、価格 p_2 は一定である。これは、価値は労働をニュメレールに、価格は消費財をニュメレールにとっているためである。

13.4 結語

労働を本源的生産要素とする、マルクス的 2 部門最適成長モデル（基本モデル）においても明示解を得ることは難しいが、Mathematica を用いた Backward-Shooting 法で移行経路を描くことができた。最適成長モデルにおいて生産量や価格だけでなく価値の経路も求まり、通時的に商品の価値＝商品に投下された労働量は減少していることが分かる。

---

^{*1} 西岡 (1995)p.177 脚注 7 を参照。

第 13 章　価値・価格の移行動学—Mathematica による数値解法

付録

本章で求めたグラフは以下である。

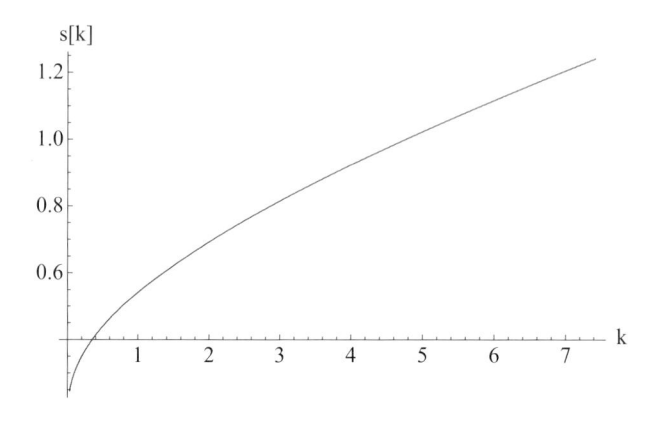

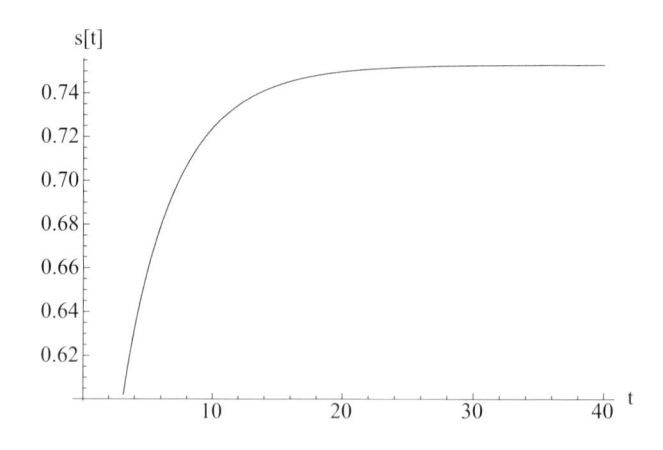

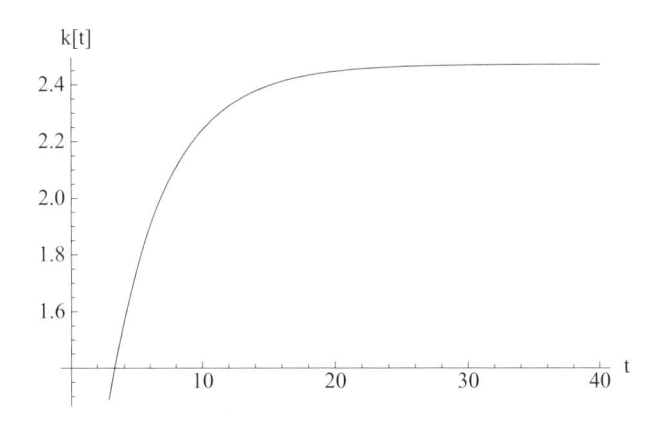

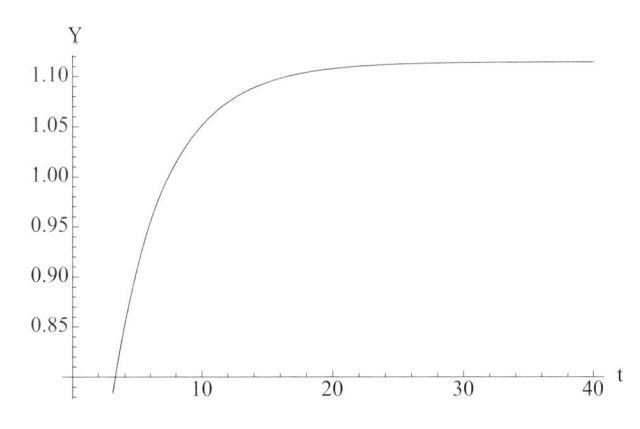

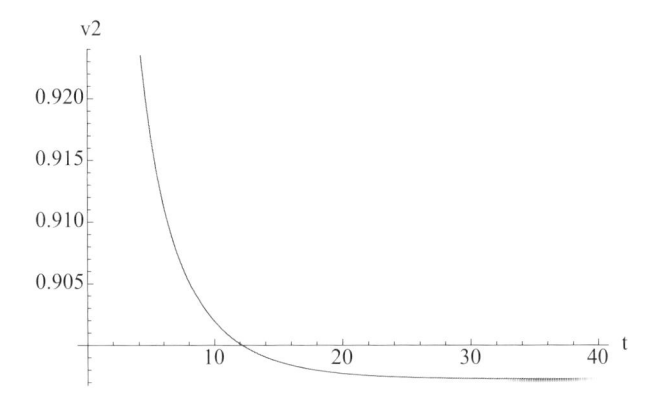

13.4 結語

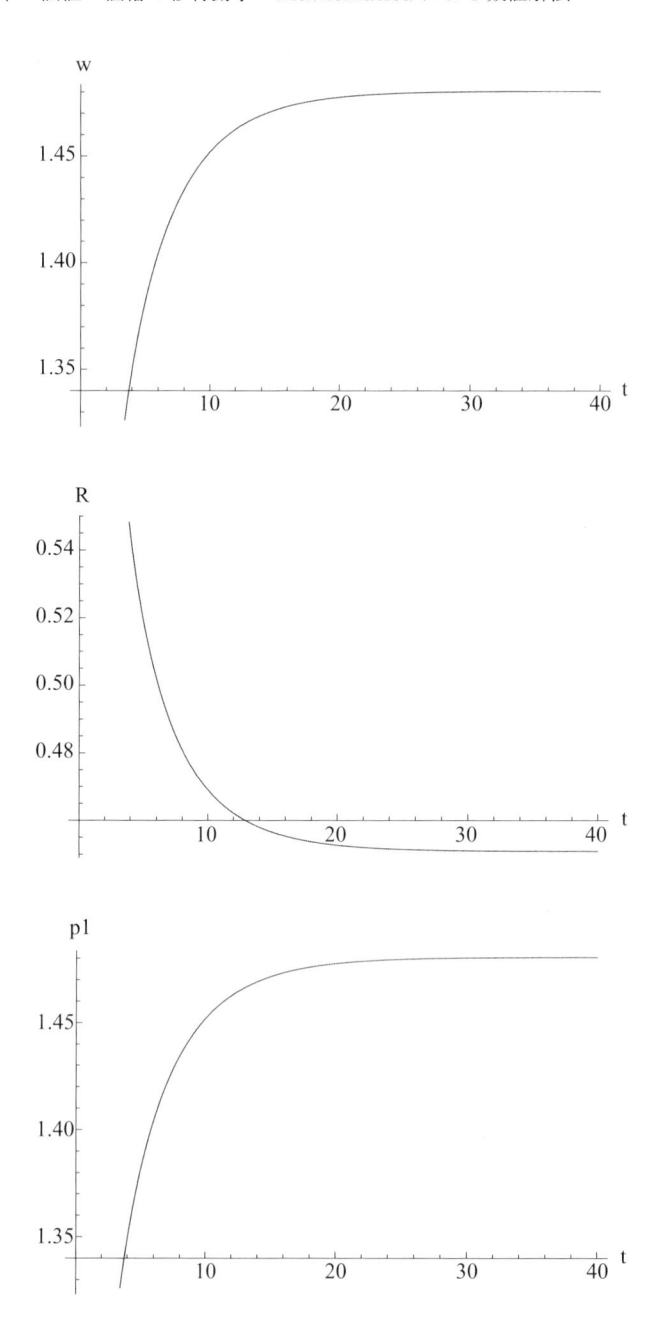

第13章　価値・価格の移行動学—Mathematicaによる数値解法

まとめ

　第1章では、資本財生産関数が線型、消費財生産関数がコブ・ダグラスとした基本モデルを紹介し、本源的生産要素が労働のみといっても様々な生産関数を設定し拡張しうることを述べた。

　第2章では、資本財生産関数・消費財生産関数が共にコブ・ダグラス型とした場合に、社会計画者の最適化・分権経済での最適化の解が一致することを示し、定常状態において価値と価格との関係を求めた。時間選好率が0に近いほど価値は価格に近くなることを示した。

　第3章では、新技術を新しい資本財2の出現と考えた場合、旧技術（資本財1）の発展が遅れているほど、新技術（資本財2）の生産の際に厳しい消費制限が行なわれることを示した。これはソ連に代表される国家資本主義のひとつのモデルとも解される。

　第4章では、資本財生産関数にブラウン運動の項を導入し、資本財生産に不確実性がある場合、定常期待資本ストックが確定系の場合よりも大きくなることを示した。資本主義の不安定性をシンプルな形でモデル化しているとみなせる。

　第5章では、第4章と異なり全要素生産性に確率項を導入し、Matlabとdynareを用いてシミュレーションを行なった。その結果、消費財生産に外生的技術ショックがある場合には最適化行動は影響を受けず、資本財生産に外生的技術ショックがある場合にのみ最適化行動に影響が出ることを示した。

　第6章では、確率制御モデルにおけるハミルトニアンの簡単な紹介をした後に、様々な効用関数・生産関数に対し異なった解法を紹介し、第4章の結果の拡張を行なった。

　第7章では、第6章(ii)の確率制御モデルにおいて社会計画者の最適化と分権経済の最適化の解が、対数効用関数の場合には一致することを示した。しかし一般の効用関数の場合には、二つの最適化の解が異なりうることを示した。家計の予算制約式が確定系の場合と異なり、資産の収益率が分散の分だけ小さくなることから、危険資産を安全資産で表した式であ

まとめ

ると解釈できる。

　第8章では、基本モデルにおいて価値の移行動学（田添・大西 (2011)）、価格の再生産表式（金江 (2011b)）を紹介した。また、利子所得からの消費を可変資本に含めるべきでないとの森岡 (2011) の批判を紹介した。

　第9章では、森岡 (2011) の指摘にしたがって、価格の再生産表式において資本財所有者を分離して扱い、資本財所有者が企業を所有する比率について三つのケースを考え、どの場合でも拡大再生産の均衡条件が成り立つことを示した。

　第10章では、最適成長論のモデルにおいて価値を考えた場合、本源的生産要素が労働のみでなく資本も含む場合には、不都合なことが起きることを示し、資本は広義の資本である人的資本と考えれば回避しうるという可能性を示唆した。

　第11章では、瞬時的効用関数が線型、基本モデル（資本財生産関数が線型、消費財生産関数がコブ・ダグラス型）の場合に、再生産表式を価値・価格の両方の形で求め、比較を行なった。瞬時的効用関数が線型であることから、解が明示的に求まった。

　価格と価値で利潤率が逆の動きをすることや、第I部門の優先的発展の法則が成り立たないことが分かった。

　第12章では、瞬時的効用関数が線型、拡張モデル（資本財生産関数・消費財生産関数が共にコブ・ダグラス型）の場合に、再生産表式を価値・価格の両方の形で求め、比較を行なった。瞬時的効用関数が線型であることから、解が明示的に求まった。第10章の基本モデルと同じく、価格と価値で利潤率が逆の動きをすることや、第I部門の優先的発展の法則が成り立たないことが分かった。また、補論ではラムゼーモデルで価値を扱えることを示した。

　第13章では、基本モデルの各種変数の時間経路を Mathematica で求められることを示した。最適成長モデルにおいて、消費財1単位に含まれる投下労働量が通時的に減少していることが図示できた。

　本書を通じて、最適成長論において価値・価格問題を展開しうること、マルクス経済学を現代経済学の枠組みの下で展開しうることを示した。

参考文献

[1] 飯田隆 (2005)、『図説西洋経済史』、日本経済評論社.
[2] 板垣有記輔 (1983)、「動的計画法による最大原理の導出」、『創価経済論集』、第13巻第1号、pp.37-55.
[3] 板垣有記輔 (1985)、『動的最適化と経済理論』、多賀出版.
[4] 板垣有記輔 (1994)、「割引のある場合の確率的最適制御の最大値原理について」、『創価経済論集』、第23巻第4号、pp.81-92.
[5] 伊藤誠 (1989)、『資本主義経済の理論』、岩波書店.
[6] 置塩信雄 (1976)、『近代経済学批判』、有斐閣.
[7] 置塩信雄 (1993)、『経済学はいま何を考えているか』、大月書店.
[8] 置塩信雄 (2004)、『経済学と現代の諸問題』、大月書店.
[9] 小幡道昭 (2009)、『経済原論―基礎と演習』、東京大学出版会.
[10] 大西広 (2002)、「マルクスの経済学」、三土修平・大西広編『新しい教養のすすめ 経済学』、昭和堂、所収.
[11] 大西広 (2005)、「市場と資本主義の関係についての史的唯物論的理解について」、『季刊経済理論』、第42巻第1号、pp.4-11.
[12] 大西広 (2005)、「『グローバリゼーションから軍事的帝国主義へ』に対する書評へのリプライ」、『季刊経済理論』、第42巻第2号、pp.118-120.
[13] 大西広 (2007)、「成熟社会の歴史的位置について」、碓井敏正・大西広編『格差社会から成熟社会へ』、大月書店、所収.
[14] 大西広 (2012)、『マルクス経済学』、慶應義塾大学出版会.
[15] 大西広・尹欒玉 (2005)、「資本累積的歴史唯物主義分析」、『政治経済学評論』、2005巻第1輯.
[16] 大西広・金江亮 (2008)、「『マルクス派最適成長論』の到達点と課題」、『立命館経済学』、第56巻第5・6号、pp.663-672、立命館大学経済学会.
[17] 大西広・藤山秀樹 (2003)、「マルクス派最適成長論における労働によ

る資本の『搾取』」、京都大学 working paper no.J-33.

[18] 大西広・山下裕歩 (2003)、「新古典派成長論型マルクス・モデルにおける資産格差と時間選好率格差 – ローマー的搾取 への影響」、『政経研究』、第 81 号、pp.18-26.

[19] 金江亮 (2008)、「『マルクス派最適成長論』の現実性と価値・価格問題」、京都大学『経済論叢』、第 182 巻第 5・6 号、pp.133-144.

[20] 金江亮 (2010)、「線型効用最適成長 2 部門モデルにおける価値・価格の動学」、京都大学『経済論叢』、第 184 巻第 4 号、pp.37-43.

[21] 金江亮 (2011a)、「マクロ経済動学と価値・価格問題 – 線型効用・拡張モデルの場合 – 」、京都大学『経済論叢』、第 185 巻第 2 号、pp.63-72.

[22] 金江亮 (2011b)、「マルクス経済学とマクロ経済動学」、『経済科学通信』、第 126 号、pp.108-111.

[23] 金江亮・形岡亮太郎 (2010)、「不確実性を伴うマルクス的最適成長論」、京都大学『経済論叢』、第 184 巻第 1 号、pp.109-112.

[24] 形岡亮太郎 (2007)、「The Marxian Optimal Growth Model under Uncertainty」、大西広、『平成 16-18 年度科学研究費補助金 (基盤研究ⓒ(2)) 研究成果報告書 新古典派成長論視角からのマルクス理論の数学化』、所収.

[25] 加藤寛一郎 (1988)、『工学的最適制御』、東京大学出版会.

[26] 小山昭雄 (2011)、『経済数学教室 8　ダイナミック・システム（下）』、岩波書店

[27] 高橋青天 (2004)、「収穫一定技術を持つ多部門経済の成長と循環の大域的分析」、西村和雄・福田慎一編著、『非線形均衡動学』、東京大学出版会、所収.

[28] 田添篤史・大西広 (2011)「『マルクス派最適成長モデル』における価値分割と傾向法則」、『季刊経済理論』、第 48 巻第 3 号、pp.75-79.

[29] 中谷武 (1994)、『価値、価格と利潤の経済学』、勁草書房.

[30] 西岡英毅 (1995)、「経済成長モデルの数値解法: Mathematica によるアプローチ」、大阪府立大學『經濟研究』、第 40 巻第 2 号、pp.171-200.

[31] 西村和雄、矢野誠 (2007)、　『マクロ経済動学』、岩波書店.

[32] 西村清彦 (1990)、『経済学のための最適化理論入門』、東京大学出版会.

[33] 藤山英樹 (2007)、「置塩の基本定理、Roemer モデル、マルクス派最適成長論」、大西広、『平成 16-18 年度科学研究費補助金 (基盤研究 (c)(2)) 研究成果報告書 新古典派成長論視角からのマルクス理論の数学化』、所収.

[34] 松尾匡 (2007)、「生産手段賦存量とマルクス/ローマー搾取論関係」、大西広、『平成 16-18 年度科学研究費補助金 (基盤研究 (c)(2)) 研究成果報告書 新古典派成長論視角からのマルクス理論の数学化』、所収.

[35] 三土修平 (1984)、『基礎経済学』、日本評論社.

[36] 森岡真史 (2011)、「再生産表式における資本財所有者――前号金江論文へのコメント」、『経済科学通信』、第 127 号.

[37] 山口重克 (1985)、『経済原論講義』、東京大学出版会.

[38] 山下裕歩 (2005)、「新古典派『マルクス・モデル』における Roemer 的「搾取」の検討」、『季刊経済理論』、第 42 巻第 3 号、pp.76-84.

[39] 山下裕歩・大西広 (2002)、「マルクス理論の最適成長論的解釈―最適迂回生産システムとしての資本主義の数学モデル―」、『政経研究』、第 78 号、pp.25-33.

[40] 山下裕歩・大西広 (2003)、「『マルクス・モデル』の諸性質と生産要素としての労働の本源性」、京都大学『経済論叢』、第 172 巻第 3 号、pp.38-53.

[41] 茹仙古麗吾甫尓・金江亮 (2010)、『3 部門「マルクス派最適成長論モデル」と強蓄積期間」、京都大学『経済論叢』、第 183 巻第 1 号.

[42] Barro,R.J. and Sala-i-Martin,X.(2004),*Economic Growth*(2nd edition),MIT Press, 大住圭介訳、『内生的経済成長論（第 2 版）』,2006, 九州大学出版会.

[43] Benhabib,J. and Nishimura,K.(1979),"The Hopf Bifurcation and the Existence and Stability of Closed Orbits in Multi-sector Models of Optimal Economic Growth," *Journal of Economic Theory* 21,pp.421-444.

[44] Brock,W.A. and Magill,M.J.P.(1979),"Dynamics under Uncer-

tainty",*Econometrica*, Vol. 47, No. 4 (Jul., 1979), pp. 843-868.

[45] Chang,F.(2004),*Stochastic Optimization in Continuous Time*, Cambridge University Press.

[46] Morishima,M.(1973),*Marx's Economics:A Dual Theory of Value and Growth*, Cambridge University Press, 高須賀義博訳,『森嶋通夫著作集第7巻 マルクスの経済学』,2004, 岩波書店.

[47] Mottek,H.,Becker,W.,Schroter,A.(1975),Wirtschaftsgeschichte Deutschlands : ein Grundri. Bd. 3. Von der Zeit der Bismarckschen Reichsgr・dung 1871 bis zur Niederlage des faschistischen deutschen Imperialismus 1945, 2. Auflage, VEB Deutsher Verlag der Wissenshafften, Berlin, 1975(ドイツ経済史 / H. モテック, W. ベッカー, A. シュレーター著 ; 大島隆雄, 加藤房雄, 田村栄子訳).

[48] Ohnishi,H.(2005),"A Marxist=Neo-classical New Modelling of Capitalism", *Korean Economy: Marxist Perspectives, Proceedings of 2005 International Conference Sponcered by Korean Research Foundation*, Institute for Social Science, Gyeongsang National University, Jinju, Korea.

[49] Ohnishi,H. and Roxiangul,U. (2006),"Agricultural Revolution, Industrial Revolution and Knowledge Revolution", *Proceedings of 2006 Annual Conference of Korean Social and Economic Studies Association*, Korean Social and Economic Studies Association, Daegu University, Daegu, Korea.

[50] Onishi,H. and Tazoe,A.(2011),"Organic Composition of Capital,Falling Rate of Profit and 'Preferential Growth of the First Sector' in the Marxian Optimal Growth Model,forthcoming.

[51] Romer,D.(1996),*Advanced Macroeconomics*,McGraw-Hill Companies,Inc, 堀雅博, 若成博夫, 南條隆訳,『上級マクロ経済学』,1998, 日本評論社.

[52] Shinkai,Y.(1960),"On the Equilibrium Growth of Capital and Labor," *International Economic Review*,Vol.1,pp.107-111.

[53] Uzawa,H.(1961),"On a Two-Sector Model of Economic Growth,"*Review of Economic Studies*,Vol.29,pp.40-47.

謝　辞

　本書は、博士論文を加筆修正したものです。この本を執筆するにあたって、指導教官であるの大西広教授と副指導教官である新後閑禎教授には多大なる支援を受けました。両先生からは、共にマルクス経済学と近代経済学の双方を学ばさせて頂きました。感謝します。

　本書の執筆には、経済理論学会報告でのコメントや討論が大変参考になりました。コメンテーターとなっていただいた立命館大学の松尾匡教授、森岡真史教授、獨協大学の山下裕歩准教授に感謝します。

　関西学院大学名誉教授の春名純人先生にはキリスト教の立場からのマルクス主義批判を学びました。矢内原忠雄やブルンナーのマルクス主義批判などは春名先生に出会わなければおそらく一生読むことは無かったのではないかと思います。マルクス主義でない社会主義（社会民主主義）という立場があり得ることも知り新鮮でした。感謝しています。

　経済学は京都大学で学びましたが、数学は大阪大学で学びました。京都大学の経済学研究科に博士編入する際に推薦状を書いていただき、今もときおりメールで励ましていただいている鹿野先生に感謝します。また学部生の頃から、図書や資料の閲覧その他いろいろお世話になっている大阪大学理学研究科数学図書室の大浜さん、祝井さんに感謝します。また、大阪大学理学研究科数学教室変換群論セミナーで二度ほど本書の内容を拙い形ですが発表させて頂いており、感謝しています。

　数式が多く煩雑な本書の校正を行なっていただいた、京都大学学術出版会の斎藤至さんに感謝します。

　また、本書の構成は論文を元にしており、以下の通りです。ただし、第10章、第11章の価格の再生産表式は、森岡 (2011) の指摘に合わせて修正しています。その他の章は書き下ろしたものです。

　第3章、第4章はそれぞれ大西ゼミのロシャングリさん、形岡君との共著論文が元になっています。感謝します。

第1章 大西広・金江亮（2008）、「『マルクス派最適成長論』の到達点と課題」、『立命館経済学』、第56巻第5・6号、pp.663-672、立命館大学経済学会
第2章 金江亮 (2008)、「『マルクス派最適成長論』の現実性と価値・価格問題」、京都大学『経済論叢』、第182巻第5・6号、pp.133-144
第3章 茹仙古麗吾甫尓・金江亮 (2010)、「3部門「マルクス派最適成長論モデル」と強蓄積期間」、京都大学『経済論叢』、第183巻第1号
第4章 金江亮・形岡亮太郎 (2010)、「不確実性を伴うマルクス的最適成長論」、京都大学『経済論叢』、第184巻第1号、pp.109-112
第5章 金江亮 (2009)、「確率的最適成長論」、経済理論学会報告（東京大学）
第7章 金江亮 (2011b)、「マルクス経済学とマクロ経済動学」、『経済科学通信』、第126号、pp.108-111
第10章 金江亮 (2010)、「線型効用最適成長2部門モデルにおける価値・価格の動学」、京都大学『経済論叢』、第184巻第4号、pp.37-43
第11章 金江亮 (2011a)、「マクロ経済動学と価値・価格問題－線型効用・拡張モデルの場合－」、京都大学『経済論叢』、第185巻第2号、pp.63-72
第15章 金江亮 (2012)、「Mathematicaによる最適成長経路上の価値価格の計算」、経済理論学会報告（愛媛大学）

索　引

一階条件, 24, 26, 27, 46, 63, 70, 81, 84, 86, 91, 93, 98, 126, 133, 143, 152, 158, 161, 162, 166, 167
伊藤の公式, 75, 92, 93

横断性条件, 126, 127, 143

拡張モデル, 22, 23, 29, 33, 106, 141, 174, 176, 181
確率系 Hamilton-Jacobi-Bellman 方程式, 78
確率制御, vi, 61, 62, 69, 75, 79, 80, 89, 173

基本モデル, 5, 9, 11, 13, 15, 17, 19, 20, 22, 23, 29, 33, 61, 97, 100, 103, 117, 125, 141, 165, 169, 173, 174

経常価値, 24, 27, 76, 78, 80–85, 87, 88, 93, 98, 126, 142, 158, 162, 167
現在価値, 76, 82, 84, 87, 142

再生産表式, vi, 88, 97, 100–109, 111, 117, 120–122, 125, 129, 130, 132, 135, 139, 147, 150, 153, 157, 161, 162, 165, 174, 177, 180
搾取率, 131, 136, 137, 149, 154–156, 161, 163
産業革命, 5, 6, 17–21, 39–43, 45, 48, 53, 55, 57

市場均衡, 13, 132
資本労働比率, 9, 11, 19, 20, 29, 33, 43, 44, 47, 49, 50, 82, 84, 87, 99, 127, 134, 137, 141, 144, 145, 152, 156, 165
社会計画者, 13, 22–24, 27, 30, 34, 61, 89, 93, 94, 97, 98, 117, 134, 138, 152, 158, 165, 173
シャドウプライス, 24, 27, 28, 79, 127, 137, 142, 143, 146, 156
瞬時的効用関数, 85–88, 94, 125, 138, 143, 157, 158, 165, 174

制御変数, 24, 76, 81, 93, 119, 138, 141, 158, 162, 167, 168
生産現場, 49, 82, 84, 87, 99, 127, 134, 137, 138, 141, 144–146, 152, 156, 157, 165
線型効用, 85, 87–89, 125, 134, 137, 138, 141, 144, 153, 156, 165, 176, 181

第 I 部門の優先的発展の法則, 132, 150, 174

調整期間, 50, 51, 54, 55, 57

定常状態, 22, 23, 27–30, 32, 33, 37, 47, 50, 65, 67, 71, 97, 100–103, 108, 110, 112, 115, 117, 119, 121, 123, 125, 132, 137, 138, 144, 150, 155, 159, 162, 163, 168, 169, 173

Backward-Shooting 法, 167–169
ハミルトニアン, 24, 27, 78, 79, 83, 86–88, 93, 98, 126, 142, 158, 162, 167, 173

ブラウン運動, 19, 61, 62, 65, 69, 79, 85, 89–92, 173
分権経済, 16, 22, 23, 25, 27, 89, 94, 97, 117, 134, 152, 158, 161, 165, 173

本源的生産要素, 8, 11, 21, 23, 39, 61, 69, 118, 119, 121, 122, 124, 169, 173, 174

有機的構成, 22, 32, 97, 117, 119, 120, 130, 132, 135, 137, 149, 150, 154, 156

ラグランジュ乗数, 46

利潤率, 97, 112, 113, 115–117, 119, 120, 131, 136–139, 150, 155–157, 163, 174
労働価値説, v, vi, 1, 8, 15, 17, 22, 32, 33, 117, 122–124

[著者略歴]

金江　亮（かなえ　りょう）

1976年兵庫県神戸市生まれ。大阪大学理学部数学科，大阪大学大学院理学研究科数学専攻博士前期課程（理学修士）を経て，京都大学大学院経済学研究科博士後期課程研究指導認定退学。2011年博士・経済学（京都大学）取得。
現在　京都大学，京都府立看護学校，京都経済短期大学非常勤講師
専門は数理マルクス経済学，マクロ経済学

（プリミエ・コレクション　26）
マルクス派最適成長論　　　　　　　　　　　　　　　　　©R. Kanae 2013

2013年2月15日　初版第一刷発行

著　者　　金　江　　亮
発行人　　檜山爲次郎

発行所　　京都大学学術出版会

京都市左京区吉田近衛町69番地
京都大学吉田南構内（〒606-8315）
電話（075）761-6182
FAX（075）761-6190
URL http://www.kyoto-up.or.jp
振替　01000-8-64677

ISBN978-4-87698-262-2　　　　　印刷・製本　㈱クイックス
Printed in Japan　　　　　　　　　定価はカバーに表示してあります

本書のコピー，スキャン，デジタル化等の無断複製は著作権法上での例外を除き禁じられています。本書を代行業者等の第三者に依頼してスキャンやデジタル化することは，たとえ個人や家庭内での利用でも著作権法違反です。